# Editorial

Este trimestre consta de dos unidades: la primera es el **Nacimiento de Jesús** y la segunda es **Samuel, David y Salomón**. El cumplimiento de la promesa del Mesías es la idea central de este trimestre. Comienza con la profecía de Isaías 9:2-7 y Miqueas 5:2 sobre el nacimiento y el reinado del Mesías, y el restablecimiento del reinado davídico. Las primeras tres lecciones de la primera unidad nos dirigen hasta el nacimiento de Jesús y todos los eventos que le rodearon.

Estas lecciones enfatizan cómo Dios revela su don, con gran gloria, a los humildes (pastores), extranjeros y gentiles (sabios de oriente). Ellos estuvieron dispuestos a dejarlo todo para ir en busca del niñito para adorarle. En estas lecciones también se reconoce la bondad, humildad y obediencia de José, María, Simeón y Ana. Todos ellos servidores fieles de Dios y dispuestos a hacer su voluntad sin importar lo difícil de la encomienda. Sobre todo en estas lecciones se concentran en el nacimiento humilde de Jesús y el cumplimiento de la promesa de Dios de enviar al Mesías.

En la segunda unidad nos relacionaremos con Samuel, fiel profeta de Dios, instrumento para la unción de David como nuevo rey. David se enfrenta a Goliat con gran valentía y su fe puesta en el Dios de Israel. También enfrenta a los jebuseos, unifica las tribus de Israel y establece como capital a Jerusalén. Ante todos sus logros siempre le da la gloria a Dios. En 2 Samuel 7:16, David es recipiente de una promesa divina. *Tu casa y tu reino… tu trono quedará establecido para siempre.* De aquí los profetas y muchos Salmos proyectan la esperanza mesiánica. En Salomón se comienza a cumplir la promesa y se hace realidad en Jesús.

En nuestros tiempos, muchas veces, tanto las personas adultas como la niñez vemos nuestra fe y nuestras esperanzas desechas por promesas no cumplidas. Promesas no cumplidas tanto por personas ajenas, tales como los políticos, personas religiosa etc.; al igual que por familiares y allegados tales como padre, madre, hermanos, hermanas, maestros y amistades. Es por esto que es urgente que recordemos y compartamos con la niñez que: Dios cumplió. Jesús es el Mesías. Éste es el mensaje. ¡Dios cumple sus promesas!

**Para el director o la directora de la Escuela Bíblica:**
- Antes de entregar el material a su personal de Escuela Bíblica, haga copias de todo el material a ser fotocopiado en los libros de los tres niveles. Pueden ser tres fotocopias por lección.
- Prepare un archivo de cada nivel con las fotocopias de cada lección para que se facilite el proceso de hacer con anticipación las fotocopias de cada clase.
- Puede preparar un taller para entregar Zona Bíblica® a sus maestros y maestras para que se puedan familiarizar con todos los elementos y explicar el proceso de fotocopiado del material que habrán de seguir.
- Si tiene grupos bilingües, también puede ordenar el libro de Bible Zone® a Cokesbury.

**Para los maestros y las maestras:**
- Familiarícese con todos los elementos de Zona Bíblica®: Guía del maestro, Accesorios de Zona®, Transparencias y el disco compacto.
- Los objetivos de la lección están integrados a la Historia bíblica (trasfondo bíblico). Casi siempre los puede encontrar en los últimos párrafos.
- Estudie la lección con anticipación y determine los materiales a usar. Asegúrese de tener todas las fotocopias y los materiales que se van a usar en la clase.
- Cada lección le provee varias actividades. Determine cuáles va a realizar, y considere el tiempo y el espacio disponible. Modifique la lección de acuerdo a las necesidades de sus estudiantes, pero asegúrese de cumplir con los objetivos de la clase.
- Involucre a papás y mamás en el proceso de aprendizaje bíblico de sus hijos e hijas. Envíe al hogar la Zona Casera® semanalmente.

Éstas son algunas sugerencias para el mejor uso de este material en Zona Bíblica®. Maestros y maestras, ¡que Dios les bendiga.

Carmen Saraí Pérez
Editora, Zona Bíblica®

# Abingdon

## Zona Bíblica®

---

> **Donde la Biblia se hace vida**
> 
> *En la ciudad de David*

Pre-escolar

# También disponible de Abingdon Press:

*Zona Bíblica® de Abingdon*
Para primarios menores
Paquete de DIVERinspiración®

*Zona Bíblica® de Abingdon*
Para primarios mayores
Paquete de DIVERinspiración®

Escritora: Beth Parr
Editora: Carmen Saraí Pérez
Editor de desarrollo: Pedro López
Editor de producción: Pablo Garzón
Jefe de producción y diseño:
R.E. Osborne
Diseñador: Roy Wallace III
Foto de la portada:
© Jose Luis Pelaez, Inc. / Getty Images
Ilustradores: Robert S. Jones y
Megan Jeffery
Traductora: Dania Mejía
Traductor de los cánticos: Julio Vargas

Abingdon

**Pre-escolar**

Donde la Biblia se hace vida

# EN LA CIUDAD DE DAVID

Abingdon Press
Nashville

Zona Bíblica® de Abingdon
Donde la Biblia se hace vida
EN LA CIUDAD DE DAVID
Pre-escolar

Derechos reservados © 2008 Abingdon Press

Todos los derechos reservados.

Ninguna parte de esta publicación, CON EXCEPCIÓN DE LAS PÁGINAS Y
PATRONES QUE ESTÉN CUBIERTOS POR EL AVISO POSTERIOR, puede ser
reproducido o transmitido en ninguna forma o por ningún medio, electrónico o mecánico,
incluyendo fotocopiado y grabación, o por ningún sistema de recuperación y almacenaje de datos, con
excepción de lo estipulado por la Ley de Derechos de Autor de 1976 o con
permiso, por escrito, del editor. Las peticiones para permisos deben someterse por escrito
a: Abingdon Press, 201 Eighth Avenue South, Nashville, TN 37203, por fax al (615) 749-6128,
o sometidas por correo electrónico a permissions@abingdonpress.com.

• AVISO •
SÓLO PATRONES / PÁGINAS que están marcadas como Reproducible
pueden ser duplicadas para uso en la iglesia local o la escuela de la iglesia.
El siguiente aviso de derechos de autor es incluido en estas páginas y debe aparecer en la reproducción:

Permiso de fotocopiado otorgado para el uso de la iglesia local. © 2008 Abingdon Press.

Las citas de la Escritura
son de la Versión Popular Dios habla hoy
a menos que se especifique lo contrario.

ISBN 978-0-687-64774-3

Créditos de arte:

Arte en la página 167 por Megan Jeffery, © 1999 Abigdon Press; todo el resto del arte por Robert S. Jones, © 2004 Abingdon Press.

Los créditos de las canciones aparecen en la página 177.

**El disco compacto no se provee en este material.
Visitar Cokesbury.com/español para ver la disponibilidad de estas canciones
para descargar electrónicamente.**

08 09 10 11 12 13 14 15 16 17 18—10 9 8 7 6 5 4 3 2 1
HECHO EN LOS ESTADOS UNIDOS DE AMÉRICA

Zona Bíblica® de *Abingdon*
Donde la Biblia se hace vida
EN LA CIUDAD DE DAVID
Pre-escolar

*Derechos reservados* © 2008 Abingdon Press

Todos los derechos reservados.

Ninguna parte de esta publicación, CON EXCEPCIÓN DE LAS PÁGINAS Y PATRONES QUE ESTÉN CUBIERTOS POR EL AVISO POSTERIOR, puede ser reproducido o transmitido en ninguna forma o por ningún medio, electrónico o mecánico, incluyendo fotocopiado y grabación, o por ningún sistema de recuperación y almacenaje de datos, con excepción de lo estipulado por la Ley de Derechos de Autor de 1976 o con permiso, por escrito, del editor. Las peticiones para permisos deben someterse por escrito a: Abingdon Press, 201 Eighth Avenue South, Nashville, TN 37203, por fax al (615) 749-6128, o sometidas por correo electrónico a *permissions@abingdonpress.com*.

• AVISO •

SÓLO PATRONES / PÁGINAS que están marcadas como **Reproducible**
pueden ser duplicadas para uso en la iglesia local o la escuela de la iglesia.
El siguiente aviso de derechos de autor es incluido en estas páginas y debe aparecer en la reproducción:

**Permiso de fotocopiado otorgado para el uso de la iglesia local. © 2008 Abingdon Press.**

Las citas de la Escritura
son de la *Versión Popular Dios habla hoy*
a menos que se especifique lo contrario.

**ISBN 978-0-687-64774-3**

Créditos de arte:

Arte en la página 167 por Megan Jeffery, © 1999 Abigdon Press; todo el resto del arte por Robert S. Jones, © 2004 Abingdon Press.

**Los créditos del disco compacto aparecen en la página 177.**

08 09 10 11 12 13 14 15 16 17 18—10 9 8 7 6 5 4 3 2 1

HECHO EN LOS ESTADOS UNIDOS DE AMÉRICA

# Tabla de contenido
## En la ciudad de David

| | |
|---|---|
| Unidades bíblicas en la Zona | 6 |
| Acerca de la Zona Bíblica® | 7 |
| Bienvenido a la Zona Bíblica® | 8 |
| Pre-escolar | 9 |
| La profecía | 10 |
| El sueño de José | 22 |
| La ciudad de David | 34 |
| Se cumple la profecía | 46 |
| Simeón y Ana | 58 |
| Los sabios de oriente siguen la estrella | 70 |
| Samuel unge a David | 82 |
| David el músico | 94 |
| David y Goliat | 106 |
| David y Jonatán | 118 |
| David el rey | 130 |
| David unifica el reino | 142 |
| Salomón el rey sabio | 154 |
| Zona de juego | 166 |
| Zona de comida | 167 |
| Obsequios de flor de estrella (Lección 6) | 168 |
| Siguiendo la estrella (Lección 6) | 169 |
| Etiquetas para nombres | 170 |
| Compartiendo el amor de Dios (Lección 7) | 171 |
| Parchos de amistad (Lección 10) | 172 |
| La Abeja BZ | 173 |
| Medallas de confianza (Lección 11) | 174 |
| Comentarios de los usuarios | 175 |

# Unidades bíblica en la

### Nace Jesús

| Historia bíblica | Versículo bíblico |
|---|---|
| La profecía | Isaías 9:6 |
| El sueño de José | Mateo 1:21 |
| La ciudad de David | Lucas 2:7 |
| Se cumple la profecía | Lucas 2:11 |
| Simeón y Ana | Lucas 2:32 |
| Los sabios de oriente siguen la estrella | Mateo 2:2 |

### Samuel, David y Salomón

| Historia bíblica | Versículo bíblico |
|---|---|
| Samuel unge a David | 1 Samuel 16:7 |
| David el músico | Salmo 150:3 |
| David y Goliat | Salmo 56:4 |
| David y Jonatán | Proverbios 17:17 |
| David el rey | Salmo 37:3 |
| David unifica el reino | 2 Samuel 7:28 |
| Salomón el rey sabio | 1 Reyes 2:3 |

# Acerca de la  Bíblica

## Accesorios de la Zona:

Los Accesorios de Zona® son juegos y materiales de apoyo para contar historias, y se encuentran en el Paquete de DIVERinspiración® de Zona Bíblica®. Algunos Accesorios de Zona® deberán ser reemplazados luego de ser usados. Aquí se proporcionan para la comodidad del maestro/a.

- CD
- binoculares inflables
- maracas de plásticas
- flautas pequeñas
- coronas de terciopelo
- etiquetas engomadas de estrellas
- pelotas con caritas felices
- coronas de cartulina
- oso de colores
- globo de estrella

## Materiales:

- Biblia para cada estudiante (incluya una Versión Popular)
- tocadiscos de discos compactos
- crayones, marcadores, marcadores con base de agua, lápices, marcadores de bingo, marcadores permanentes, cojinetes para sellos.
- papel para mural, papel, papel de construcción, cartulina, papel corrugado, papel de seda, papel auto-adherible, papel de periódico, papel de dibujo, papel de empaque metálico
- pegamento, cinta adhesiva, engrapadora, cinta adhesiva para paquetes, cinta aislante, etiquetas engomadas, etiquetas engomadas de corazones, cinta de embalaje transparente, yeso de secado rápido.
- hilo de tejer (estambre), cuerdas, cintas (listones), serpentinas de papel crepé.
- tijeras, perforador
- pintura al temple, palitos con punta de algodón, pinceles, esponjas, figuras de hule espuma
- sábana, mantel de plástico o plástico, tela suave o franela, delcron
- moldes para tartas o bandeja llanas, tazón, cuchara larga, tazas para medir y cucharas, cortadores de galletas en forma de estrella, tabla para picar
- platos desechables, tazones desechables para cereal, tazas de plástico resistentes, bandejitas de carne de hule espuma, vasos de hule espuma, cucharas desechables
- velas moradas
- harina, sal, aceite, agua, canela, hielo, almíbar de maíz
- arena, piedras, conchas marinas
- togas de coro infantiles o camisas de adultos
- batas de pintor o playeras grandes
- círculos florales, botones de flores, follaje
- pelotas de esponja rojas, pelotas pequeñas de plástico
- corona de adviento
- cerillos
- escarcha de brillo, lentejuela dorada o plateada
- mantelitos de papel (doilies)
- limpia pipa, cinta elástica, guirnalda de estrella
- cámara de fotografías instantáneas o cámara digital
- campanas
- pinzas de madera para ropa de cabeza redonda
- utensilios de limpieza, detergente líquido
- canicas
- cajas de cartón de diferentes tamaños con tapas, cajas pequeñas
- canastas de mimbre
- muñeco bebé y mantita
- sorbetes (popotes, pajillas) plásticos
- linterna de pila
- aros de medias
- toallas de papel, papel de aluminio, papel de plástico, filtros de café
- argollas de madera o plástico
- sobres tamaño carta
- espejo
- gravilla de acuario o arena para gatos.
- botellas desechables de refresco
- liguillas, broches para papel
- bolsas de papel chicas, bolsas de papel grandes, bolsas re-sellables de plástico
- opcional: diadema de aureola, guantes plásticos, palitos de artesanía, máquina cortadora de pelo, cuentas, lentejuela, cubeta desechable

PREESCOLAR

# Bienvenido a la  Bíblica®

## Donde la Biblia se hace vida

Diviértase aprendiendo sobre las historias bíblicas favoritas del Antiguo y Nuevo Testamento. Cada lección en esta guía de maestro está llena de juegos y las actividades que harán el aprendizaje DIVERinspiración para usted y para sus estudiantes. Con sólo agregar algunos materiales, tendrá todo lo que necesita para enseñar, ya que todo se encuentra incluido en el paquete DIVERinspiración de Zona Bíblica® de Abingdon.

Cada lección contiene un recuadro En la Zona®:

> **Dios quiere que nosotros compartamos nuestros dones y talentos con los demás.**

Esto se repite una y otra vez a lo largo de cada lección. En la Zona® declara el mensaje bíblico en un lenguaje que sus estudiantes pueden conectar con sus vidas.

Utilice las siguientes recomendaciones para hacer su viaje por la Zona Bíblica® un éxito DIVERinspiracional.

- Lea los pasajes bíblicos de cada lección.
- Memorice el versículo bíblico y el lema de En la Zona®.
- Elija las actividades que se adapten a su grupo de estudiantes y al tiempo del que disponga.
- Lea el relato de la Zona Bíblica®.
- Reúna los Accesorios de Zona que usted necesite para cada lección.
- Reúna los materiales que usted necesite para cada lección.
- Aprenda la música para cada lección de la Zona Bíblica®, contenida en el disco compacto de DIVERinspiración.
- Acomode su salón de clases, asegurándose de que haya suficiente espacio para que sus estudiantes se puedan mover y sentarse en el suelo.
- Fotocopie las páginas de reproducibles para cada lección.
- Fotocopie las páginas de la Zona Casera® para sus estudiantes.
- Fotocopie cualquier página reproducible (consulte las páginas 166-174)

# Pre-escolar

Cada estudiante en su clase es un hijo único o una hija única de Dios. Por lo tanto, tienen sus propios nombres, un trasfondo, una situación familiar y un conjunto de experiencias que le hace diferente de las demás personas. Es importante recordar y celebrar la singularidad de cada estudiante. Sin embargo, tienen algunas necesidades comunes:
- Todos los niños y las niñas necesitan amor.
- Todos los niños y las niñas necesitan fortalecer su autoestima.
- Todos los niños y las niñas necesitan sentirse capaces.
- Todos los niños y las niñas necesitan un lugar seguro donde expresar sus sentimientos.
- Todos los niños y las niñas necesitan estar rodeados por personas que les amen.
- Todos los niños y la niñas necesitan experimentar el amor de Dios.

## Los niños y niñas pre-escolares (entre 3 y 5 años) también tienen algunas características comunes:

### Sus cuerpos
- No son capaces de permanecer sentados por mucho tiempo.
- Tienen mucha energía.
- Disfrutan moverse (correr, galopar, bailar, saltar, brincar).
- Están desarrollando sus habilidades motoras finas (aprendiendo a recortar con tijeras, aprendiendo a rebotar una pelota, aprendiendo a atar sus zapatos).
- Disfrutan usar sus sentidos (saboreando, tocando, oliendo, escuchando, observando)

### Sus mentes
- Están enriqueciendo su vocabulario.
- Disfrutan de la música.
- Están aprendiendo a expresar sus sentimientos.
- Gustan de reírse de cosas simples.
- Disfrutan de las palabras que no tienen sentido.
- Están aprendiendo a identificar colores, tamaños y formas.
- Tienen una comprensión incierta del tiempo.
- Tienen una imaginación maravillosa.

### Sus relaciones
- Están empezando a interactuar con otros, por ejemplo, a través de los juegos.
- Están empezando a entender que las demás personas también tienen sentimientos.
- Están aprendiendo a ser pacientes.
- Están aprendiendo a realizar actividades lejos de sus papás y mamás.
- Están deseosos de poder ayudar.
- Les gusta sentirse importantes.

### Sus corazones
- Necesitan manejar su Biblia y ver cómo los demás la usan.
- Necesitan personas adultas que modelen actitudes y conductas cristianas.
- Necesitan cantar, moverse y repetir los versículos bíblicos.
- Necesitan escuchar las historias bíblicas de manera clara y sencilla.
- Pueden decir oraciones sencillas.
- Pueden maravillarse y sentir un temor reverente ante la creación de Dios.
- Pueden compartir comida, dinero y hacer cosas para otras personas.
- Pueden experimentar ser parte de la iglesia.

# La profecía

## Entra a la

**Versículo bíblico**
Porque nos ha nacido un niño.
Isaías 9:6a

**Historia bíblica**
Isaías 9:2-7; Miqueas 5:1-2

El pueblo de Israel, que vivía bajo la dominación de los Asirios, buscaba esperanza. Su esperanza era que Dios les salvara, confiaban en que Dios enviaría a un líder, a un Mesías que cambiaría sus vidas, ya que este Mesías les permitiría vivir como pueblo de Dios.

El profeta Isaías le recordó a su pueblo la promesa que Dios les había hecho. Isaías profetizó sobre una "Gran Luz" que alumbraría la oscuridad donde ellos habían estado viviendo. Esa gran luz era el amor de Dios hecho realidad en el nacimiento de un Mesías.

Seguramente todos quedaron sorprendidos cuando Isaías profetizó que les nacería un niño, quien les gobernaría. Ellos habrían esperado que el líder fuera una persona fuerte y poderosa, pero no un niñito. Sin embargo Isaías continua y les describe el poder de ese gobernante. Les explicó que éste sería "Admirable en sus planes", capaz de aconsejar y orientar con sabiduría. Sería, un "Dios invencible" que les enseñaría sobre el poder de Dios. Sería un "Padre eterno", porque cuidaría a cada persona como lo haría un padre. Y sería un "Príncipe de la paz", ya que traería paz y prosperidad a su pueblo.

¡Qué emoción debió haber sentido la gente! Ellos habían estado viviendo entre gente que no amaba a Dios y también los habían separado de sus lugares de adoración. Al escuchar la profecía de Isaías sintieron que recibían luz. Ésta era prueba de que Dios les amaba y siempre les cuidaba, incluso en épocas difíciles.

De venir un nuevo rey, la gente probablemente imaginó que nacería en un pueblo noble, de gran poder e influencia. Sin embargo Jesús nació en el pequeño pueblo de Belén, uno de los pueblo más pequeños de Judea.

El profeta nos recuerda nuevamente el poder de Dios, ese Dios que habría de enviar a un niñito, el cual nacería en un pequeño pueblo para ser el Salvador del mundo. Esto es lo que celebramos cada Navidad, el nacimiento de nuestro Salvador. Al compartir con sus estudiantes esta estación, celebre su entusiasmo, experimente su asombro y reciba nuevamente al niñito Jesús, el Cristo.

# Dios prometió enviar un Salvador a su pueblo

## Vistazo a la

| ZONA | TIEMPO | MATERIALES | ⊚ ACCESORIOS DE ZONA® |
|---|---|---|---|
| **Acércate en la Zona** | | | |
| De la oscuridad a la luz | 5 minutos | Reproducible 1A, página 170, cinta adhesiva, crayones o marcadores. | ninguno |
| Construyendo la ciudad | 10 minutos | Transparencia 1, papel mural o cartel, esponjas, pintura, marcador, bandeja llana, arena. | ninguno |
| Este pueblo pequeño | 5 minutos | Reproducible 1B, pintura al temple, toallas de papel. | ninguno |
| **ZONA Bíblica®** | | | |
| Polca de la profecía | 5 minutos | togas de coro para niños o camisas de adultos. | ninguno |
| La profecía | 5 minutos | ninguno | ninguno |
| Zumbando el versículo | 5 minutos | Biblia y Abeja BZ | ninguno |
| Canta y adora | 5 minutos | tocadiscos de discos compactos | disco compacto |
| **Zona de Vida** | | | |
| Listos para celebrar | 10 minutos | Espuma floral, tijeras, agua, listones morados, velas, porta flores, follaje | ninguno |
| Guirnalda de buenas nuevas | 10 minutos | Papel mural o cartel, batitas para pintar, pintura verde, pelotas de esponja rojas, pegamento, esponjas. | títere |
| Buenas nuevas: acción | 5 minutos | Biblia | ninguno |
| Adoración estupenda | 5 minutos | Corona de Adviento, cerillos (opcional: papel de construcción, tijeras, papel de celofán, cinta adhesiva) | ninguno |

⊚ Los Accesorios de Zona® se encuentran en el **Paquete de DIVERinspiración®**.

PRE-ESCOLAR: LECCIÓN 1

# Acércate a la

Escoja una o más actividades para capturar la atención de sus estudiantes.

**Materiales:**
Reproducible 1A
página 170
cinta adhesiva
crayones o marcadores

**Accesorios de Zona®:**
ninguno

## De la oscuridad a la luz

Según llegue cada estudiante, déle la bienvenida. Si no conoce los nombres de todos, pida a sus estudiantes que usen su etiqueta con su nombre (página 170).

Haga las fotocopias del laberinto (Reproducible 1A) para sus estudiantes. Con un crayón, deben marcar el camino que lleve de la oscuridad a la luz; permítales colorear alrededor del laberinto.

**Diga: El profeta Isaías les dio a la gente las buenas nuevas enviadas por Dios. Les dijo que Dios enviaría a un líder, a un Salvador que les traería luz y esperanza a sus vidas. Hoy, vamos a aprender más sobre Jesús, quien era ese Salvador.**

**Materiales:**
Transparencia 1
marcador
papel para mural o cartel
pintura al temple
esponjas
bandeja llana
arena

**Accesorios de Zona®:**
ninguno

## Construyendo la ciudad

Amplíe la ilustración del Templo (Transparencia 1) y trácelo sobre el pliego de papel mural.

Mezcle pintura roja, amarilla y naranja en la bandeja para crear un tono color del barro. Espese la pintura con arena para darle la textura. Permita que sus estudiantes le ayuden a pintar los edificios utilizando las esponjas hasta que parezcan hechos de barro. Una vez que se haya secado, cuélguelo en su Zona de historias.

**Materiales:**
Reproducible 1B
pintura al temple
toallas de papel

**Accesorios de Zona®:**
ninguno

## Un pequeño pueblo

**Diga: Belén era un pequeño pueblo en la región de Judea. La gente se sorprendió al escuchar que en ese lugar nacería Jesús, el Salvador prometido por Dios a su pueblo.**

Proporcione a cada estudiante una copia del mapa bíblico (**Reproducible 1B**) que reprodujo antes del inicio de su clase. Ayúdeles a localizar el pueblo de Belén. Permita que se entinten las yemas de sus dedos con la pintura al temple para formar pisadas por todo el camino que lleva a Belén. Acompañe esta actividad con las siguientes palabras:

**Belén es un pueblo pequeñito, muy pequeñito.** (Junte sus dedos para indicar pequeño)
**¿Es aquí donde nacerá nuestro Salvador?** (Ponga sus manos con las palmas hacia arriba)
**Dios envió a Isaías para que a todos les dejara saber.** (Coloque sus manos alrededor de su boca para hacer el efecto de eco)
**Jesús nacería allí, la Biblia lo dice así.** (Junte sus manos como si fuera un libro abierto)

ZONA BÍBLICA®

Elija una o más actividades para introducir a sus estudiantes en la historia bíblica

# Polca de la profecía

Explique a sus estudiantes que un profeta es una persona que habla en nombre de Dios. Un profeta le dice a las personas lo que Dios quiere que sepan.

**Diga: Isaías fue un profeta que trajo buenas nuevas a su pueblo, les dijo que pronto nacería un Salvador que les cuidaría y guiaría.**

Escoja a un niño para que sea Isaías. Use una toga infantil o una camisa grande para vestirlo de Isaías. Dirija la clase durante la **polca de la profecía** para que sigan a Isaías hasta el área de narrar la historia.

**Materiales:**
Túnica infantil o camisa grande

**Accesorios de Zona®:**
ninguno

**Estamos felices y contentos, felices y contentos.**
(Sonrían y agiten los brazos)
**Así estamos hoy.**
(Asientan con la cabeza)
**Isaías trajo buenas nuevas, trajo buenas nuevas.**
(Simulen desenrollar un pergamino)
**Y el pueblo lo escuchó:**
(Coloquen una mano rodeando su oreja)
**"Un salvador ya viene, un salvador ya viene".**
(Extiendan sus brazos hacia el cielo)
**Gritemos: ¡Ra, ra, ra!**
(Agiten sus manos al aire)

**Estamos juntos aplaudiendo, juntos aplaudiendo.**
(Aplaudan)
**Así estamos hoy.**
(Asientan con la cabeza)
**Isaías trajo buenas nuevas, trajo buenas nuevas.**
(Simulen desenrollar un pergamino)
**Y el pueblo lo escuchó:**
(Coloquen una mano rodeando su oreja)
**"Un salvador ya viene, un salvador ya viene".**
(Extiendan sus brazos hacia el cielo)
**Gritemos: ¡Ra, ra, ra!**
(Agiten sus manos al aire)

**Estamos todos hoy saltando, todos hoy saltando.**
(Salten arriba y abajo)
**Así estamos hoy.**
(Asientan con la cabeza)
**Isaías trajo buenas nuevas, trajo buenas nuevas.**
(Simulen desenrollar un pergamino)
**Y el pueblo lo escuchó:**
(Coloquen una mano rodeando su oreja)
**"Un salvador ya viene, un salvador ya viene".**
(Extiendan sus brazos hacia el cielo)
**Gritemos: ¡Ra, ra, ra!**
(Agiten sus manos al aire)

**Estamos hoy bailando, estamos hoy bailando.**
(Bailen por todas partes)
**Así estamos hoy.**
(Asientan con la cabeza)
**Isaías trajo buenas nuevas, trajo buenas nuevas.**
(Simulen desenrollar un pergamino)
**Y el pueblo lo escuchó:**
(Coloquen una mano rodeando su oreja)
**"Un salvador ya viene, un salvador ya viene".**
(Extiendan sus brazos hacia el cielo)
**Gritemos: ¡Ra, ra, ra!**
(Agiten sus manos al aire)

# Historia de la  

## La profecía

*Por Beth Parr*

> *Indique a sus estudiantes que se sienten formando un círculo y pídales que repitan las frases que se encuentran en negrilla.*

Un profeta es una persona que habla en nombre Dios. Isaías era un profetas de Dios, por eso Dios lo envió para traerle buenas nuevas a su pueblo.

(Anime a la clase a repetir cada verso después de usted)
**Buenas nuevas, buenas nuevas ¿qué podrá ser?**
**Buenas nuevas, buenas nuevas, para ti y para mí.**
**Un salvador vendrá para ayudarnos a todos.**
**Un salvador vendrá, es el Hijo de Dios.**

Isaías le dio el mensaje al pueblo de Israel. Ellos estaban tristes porque los gobernantes de Asiria los trataban mal, entonces Isaías le dijo a la gente que Dios les enviaría un Salvador, alguien que cuidaría de ellos, es decir, les dio buenas nuevas.

(Anime a la clase a repetir cada verso después de usted)
**Buenas nuevas, buenas nuevas ¿qué podrá ser?**
**Buenas nuevas, buenas nuevas, para ti y para mí.**
**Un salvador vendrá para ayudarnos a todos.**
**Un salvador vendrá, es el Hijo de Dios.**

"Un niños nos habrá de nacer", dijo Isaías. "Será nuestro líder; podemos llamarlo Admirable en sus planes, porque Él nos guiará para vivir de la forma que Dios desea; podemos llamarlo Dios invencible, porque Él cuidará de nosotros". Todas estas eran buenas nuevas para la gente.

(Anime a la clase a repetir cada verso después de usted)
**Buenas nuevas, buenas nuevas ¿qué podrá ser?**
**Buenas nuevas, buenas nuevas, para ti y para mí.**
**Un salvador vendrá para ayudarnos a todos.**
**Un salvador vendrá, es el Hijo de Dios.**

"Podemos llamarlo Padre eterno porque nos cuidará como nos cuidan nuestros papás y mamás; podemos llamarlo Príncipe de paz, porque nos dará esperanza y felicidad". ¡Qué buenas noticias! ¡Qué buenas nuevas!

(Anime a la clase a repetir cada verso después de usted)
**Buenas nuevas, buenas nuevas ¿qué podrá ser?**
**Buenas nuevas, buenas nuevas, para ti y para mí.**
**Un salvador vendrá para ayudarnos a todos.**
**Un salvador vendrá, es el Hijo de Dios.**

La gente se emocionó mucho cuando Isaías, el profeta, les habló sobre el niño que habría de nacer. Isaías también les dijo que el poder del Salvador no tendría fin; que vendría de la familia del rey David; además, que ese líder nacería en el pequeño pueblo de Belén; y que Dios enviaría a este grandioso Salvador para guiar a su pueblo.

(Anime a la clase a repetir cada verso después de usted)
**Buenas nuevas, buenas nuevas ¿qué podrá ser?**
**Buenas nuevas, buenas nuevas, para ti y para mí.**
**Un salvador vendrá para ayudarnos a todos.**
**Un salvador vendrá, es el Hijo de Dio**s.

Isaías le habló a su pueblo sobre Jesús. Jesús es este líder especial, nuestro Salvador.

# En la  con la Abeja BZ

## Zumbando el versículo

Seleccione a un o una estudiante para sostener la Biblia abierta en Isaías 9:6

**Diga: Isaías fue un profeta que habló en nombre de Dios. La historia bíblica de hoy nos habla de las buenas nuevas que Dios quería que Isaías le llevara a su pueblo. Así que Isaías les habló de un salvador que vendría para guiarles.**

Mencione a sus estudiantes el versículo bíblico: "Porque nos ha nacido un niño" (Isaías 9:6a ). Pídales que repitan el versículo después de usted.

De espaldas a la clase o escondiendo las manos debajo de una mesa, coloque en su mano el títere de la Abeja BZ (consulte la página 173). Vuélvase o saque las manos para mostrar el títere a la clases, finja la voz y simule que su títere habla:

**Bzzz. Bzzz. Bzzz. ¡Hola a todos, yo soy la Abeja BZ!**

**Bzzz. Bzzz. Bzzz. Estoy volando de un lado a otro y puedo ver que tenemos nuevos amigos y amigas.**

Acérquese a cada estudiante y anímeles, sin forzarles, para que extiendan las manos con las palmas hacia arriba. Simule que la Abeja BZ se posa en la mano. Haga que la Abeja BZ diga frases como:

**Mmm. Mmm. Me gusta conocer nuevos amigos.**

**Bzzz. Bzzz. Me encantaría que tú fueras mi amiga. Yum. Yum. ¿Podemos ser amigos?**

Después de que BZ se haya posado en las palmas de sus estudiantes, finja que dice:

**Bzzz. Bzzz. Bzzz. Disfruto mucho hacer nuevas amistades, es tan divertido.**

**Bzzz. Bzzz. Bzzz. Sólo hay algo que me gusta más que hacer nuevos amigos y amigas y es la Biblia.**

**Bzzz. Bzzz. Bzzz. ¿Escucharon, atentamente, la historia de hoy? ¿Cómo se llamaba el profeta? (Isaías) ¿Cuál es la buena nueva que Isaías le dio a la gente?** (*La venida de un salvador*)

**Bzzz. Bzzz. Bzzz. Dios envió a Isaías para que le dijera a su pueblo que enviaría un Salvador y ese Salvador es Jesús. Nosotros nos alegramos de que Dios prometiera enviar un Salvador para su pueblo.**

**Bzzz. Bzzz. Bzzz. Vamos a repetir este versículo bíblico juntos: "Porque nos ha nacido un niño" (Isaías 9:6).**

Anime a la clase para que repita el versículo bíblico con la Abejita BZ.

Haga que la Abejita BZ se despida de sus estudiantes y después podrá guardar el títere.

**Dios prometió enviar un Salvador a su pueblo.**

PRE-ESCOLAR: LECCIÓN 1

Escoja una o más actividades para sumergir a sus estudiantes en la historia bíblica.

**Materiales:**
tocadiscos de discos compactos

**Accesorios de Zona®:**
disco compacto

# Canta y adora

Reproduzca la canción, "Gente en tinieblas" (**pista 4, disco compacto**). Permita que sus estudiantes entonen solos el cántico.

### Gente en tinieblas

Gente en tinieblas buscando la luz.
Ven, ven, ven, oh Jesús.
Gente en ceguera añorando la luz.
Ven, Cristo Jesús
en estos días de expectación
días de Adviento y amor.

Gente enferma anhelando salud.
Ven, ven, ven, oh Jesús.
Gente en pobreza, en necesidad.
Ven, Cristo Jesús
en estos días de expectación
días de Adviento y fe.

Gente deseando la liberación.
Ven, ven, ven, oh Jesús.
Y en argumentos quieren solución.
Ven, Cristo Jesús
en estos días de expectación
días de Adviento y paz.

LETRA: Dosia Carlson; trad. por Julito Vargas
MÚSICA: Dosia Carlson
© 1983; trad. © 2008 Dosia Carlson. Usada con permiso

 de vida

Escoja una o más actividades para que la Biblia cobre significado en la vida diaria.

# Listos para celebrar

Proporcione a cada estudiante una pieza circular de espuma para arreglos florales previamente mojado. Facilite diferentes tipos de follajes (pino cedro, abeto) cortados con anterioridad en pedazos de 2 a 3 pulgadas. Muéstrele cómo clavar el follaje en la espuma y anímeles a cubrir toda la pieza. Ate un moño con la cinta morada y ayude a cada estudiante a insertarlo en la espuma con un porta flores.

Concluya el diseño insertando las velitas moradas.

**Diga: Nuestra historia bíblica de hoy nos enseñó que Isaías profetizó a la gente que Dios enviaría a un salvador. Este salvador es Jesús. Cuando se acerca la Navidad, que es el cumpleaños de Jesús, es necesario que nos preparemos para celebrarlo.**

Diga a sus estudiantes que han hecho una Corona de Adviento. Todos los domingos, antes de Navidad, sus mamás y papás pueden ayudarles a encender las velas. Ésta es una forma a través de la cual nos preparamos para celebrar el nacimiento de Jesús.

**Materiales:**
pieza circular de espuma floral (1 por estudiante)
agua
follaje
tijeras
cinta morada
velas moradas
porta flores

**Accesorios de Zona®:**
ninguno

# Guirnalda de buenas nuevas

Proporcione a cada estudiante una o dos franjas de papel mural o cartón corrugado de 2 pies de largo y enséñeles cómo torcer el papel para hacer una clase de soga.

Una vez que sus estudiantes hayan retorcido el papel igual que una cuerda, tendrán que pintarlas utilizando una esponja remojada en la pintura verde. Antes de que la pintura se seque, permítales que adhieran pequeñas pelotas de esponja roja a la guirnalda. Posiblemente requiera poner un poco de pegamento a las pelotas para colocarlas. Cuelgue las guirnaldas alrededor del salón. Puede dejar que cada estudiante haga dos guirnaldas para que se lleven una a su casa y otra se pueda colgar en el salón.

**Diga: Nuestras guirnaldas nos recuerdan las buenas nuevas de Dios que Isaías le comunicó al pueblo: Un Salvador viene. Nosotros nos estamos preparando para celebrar el nacimiento de Jesús.**

**Materiales:**
franjas de papel mural o cartón corrugado (2 pies de largo por 2 pulgadas de ancho)
esponjas
pintura verde
batas para pintor o camisas grandes
pelotas de esponja rojas
pegamento

**Accesorios de Zona®:**
ninguno

PRE-ESCOLAR: LECCIÓN 1

# de vida

Escoja una o más actividades para que la Biblia cobre significado en la vida diaria.

**Materiales:**
Biblia

**Accesorios de Zona®:**
ninguno

## Buenas nuevas: acción

**Diga: Isaías le dio buenas nuevas a su pueblo cuando les habló del nacimiento de un niño muy especial, llamado Jesús. Nosotros también podemos darles a nuestros amigos y familiares la buena nuevas del nacimiento de Jesús. Cada vez que yo aplauda, todos diremos: "Buenas nuevas: "Porque nos ha nacido un niño" (Isaías 9:6a).**

Puede continuar la actividad cambiando la acción, por ejemplo, golpear el piso con los pies, saltar arriba y abajo, agitar sus manos en el aire.

**Materiales:**
Corona de Adviento
cerillos
opcional: papel de construcción, papel celofán, cinta adhesiva, tijeras

**Accesorios de Zona®:**
ninguno

## Adoración estupenda

Lleve a la clase hasta el Área de historias y pídales que se sienten.

**Diga: Jesús nació en Belén, tal y como profetizó el profeta Isaías. Cuando nosotros encendemos nuestra Corona de Adviento, recordamos que Isaías profetizó sobre el nacimiento de un niño muy especial. Esta es una forma de prepararnos para celebrar el nacimiento de Jesús.**

Encienda la primera vela sobre la Corona de Adviento. Si le parece peligroso para sus estudiantes la llama de las velas, puede construir aparte una Corona de Adviento con el papel de construcción y añadir llamas de papel celofán cada semana.

**Oren: Querido Dios, gracias por amarnos. Te damos gracias por haber enviado a Jesús, para ayudarnos y enseñarnos a conocer más sobre tu amor. Amén.**

Haga una fotocopia de Zona Casera® para cada estudiante de su clase.

# Casera para padres

**Versículo bíblico**
"Porque nos ha nacido un niño"
Isaías 9:6a

**Historia bíblica**
Isaías 9:2-7; Miqueas 5:1-2

El pueblo de Israel esperó por mucho tiempo que Dios les enviara un líder, un Salvador que los liberara y salvara de sus enemigos. Los profetas son las personas que hablan de parte Dios e Isaías era uno de los profetas de Dios.

Isaías le dijo a su gente que pronto brillaría la luz en su oscuridad. Les dijo que Dios enviaría a un niñito que sería el Salvador. Este Salvador les guiaría, les ayudaría a conocer más acerca de Dios, cuidaría de ellos igual que un padre, y traería a la tierra un reino de paz.

Había mucho entusiasmo porque un salvador vendría pronto. El nacimiento de Jesús le mostraría a la gente el gran amor de Dios hacia su pueblo.

Nosotros también sentimos mucho entusiasmo cuando nos preparamos para la Navidad y para celebrar el nacimiento de Jesús. Pase tiempo con su hijo o hija leyendo historias sobre el nacimiento de Jesús y permita que participen en la preparación de la Navidad.

Disfrute la oportunidad de experimentar la expectativa de la Navidad a través de los ojos de su hijo o hija.

## Adoración de Adviento

Su hijo o hija construyó una Corona de Adviento en la clase. Todos los domingos, antes de la Navidad, deben encender juntos la Corona.

Disfruten cantando alguna tonada navideña relacionada con Adviento mientras usted enciende las velas. Luego reciten juntos los siguientes versos.

¿Puedes escuchar?

¿Puedes escuchar? ¿Puedes escuchar?
Hay buenas noticias para todos aclamar.
En Belén, Jesús habría de nacer.
Nacer para nosotros en alborada de Navidad.

**Oren:** "Querido Dios, gracias por la Navidad y por el nacimiento de Jesús. Te damos gracias también por tu amor. Amén".

## Dios prometió enviar un Salvador a su pueblo.

Permiso de fotocopiado otorgado para el uso de la iglesia local. © 2008 Abingdon Press.

PRE-ESCOLAR: LECCIÓN 1

**Reproducible 1A**

Permiso de fotocopiado otorgado para el uso de la iglesia local. © 2008 Abingdon Press.

Zona Bíblica

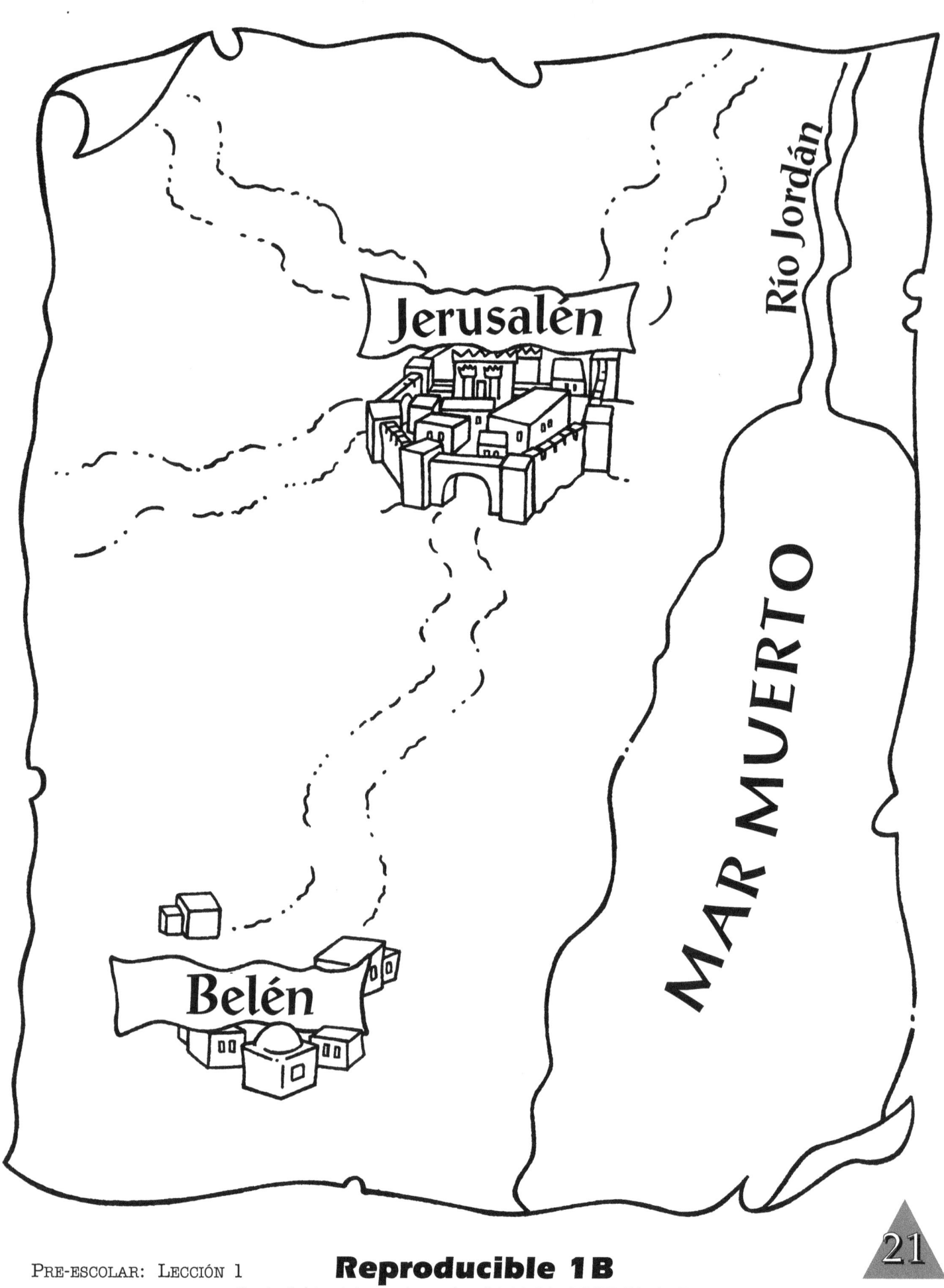

# El sueño de José

## Entra a la ZONA

### Versículo bíblico

María tendrá un hijo, y le pondrás por nombre Jesús. Se llamará así porque salvará a su pueblo de sus pecados.

Mateo 1:21

### Historia bíblica
Mateo 1:18-23

La historia del nacimiento de Jesús en el Libro de Mateo, narra la visita que le hizo un ángel a José mientras estaba comprometido para casarse con María. En ese tiempo, María descubrió que tendría un bebé, pero José no quería avergonzarla públicamente, así que planeó cancelar la boda silenciosamente.

Entonces, Dios le habló a José por medio de un ángel. En un sueño, el ángel le dijo a José que el niño que esperaba María era muy especial, porque era el Hijo de Dios, así que debía seguir adelante con sus planes de boda con María. Una vez que el niño naciera, debería llamarle Jesús, porque este niño salvaría a su pueblo de sus pecados.

El cumplimiento de la profecía se describe en el relato del libro de Mateo. La profecía anunciaba que una virgen tendría un hijo y se llamaría Emanuel, que significa "Dios con nosotros".

José siguió el mandato del ángel y se casó con María; cuando nació el niño, le puso por nombre Jesús.

Cuando compartimos esta historia con la niñez, nuestro énfasis debe estar en el hecho de que un ángel le dijo a José que el hijo que esperaba María era especial porque salvaría al pueblo; que era el tan esperado Mesías, que este niño especial es Jesús.

A los niñitos y las niñitas les gusta escuchar sus nombres, ver sus nombres escritos y se emocionan cuando pueden reconocerlos. En esta historia, los nombres son una parte importante, ya que el ángel le da dos nombres a José para el bebé que nacería. Uno es Emanuel que significa "Dios con nosotros". Este nombre cumple la profecía sobre la venida del Mesías. El segundo nombre es Jesús porque Él salvará a su pueblo.

La historia de hoy nos recuerda que Jesús es el Salvador prometido por Dios, y que un ángel le dijo a José que este niñito, Jesús, era el Hijo de Dios.

## Jesús es el Salvador prometido por Dios.

## Vistazo a la

| ZONA | TIEMPO | MATERIALES | ACCESORIOS DE ZONA® |
|---|---|---|---|
| **Acércate en la Zona** | | | |
| Un nombre especial | 5 minutos | Reproducible 2A, página 170, cinta adhesiva, crayones o marcadores. | ninguno |
| Construir la ciudad | 5 minutos | caja mediana, bandeja llana, pintura al temple, papel reciclado o bolsas de papel estraza, arena, esponjas. | ninguno |
| Escucha al ángel | 5 minutos | Reproducible 2B (parte superior), platos de cartón, engrapadora, hilo de tejer, pegamento, marcadores, carpetas en forma de corazón, limpia pipas, tijeras. | ninguno |
| **ZONA Bíblica®** | | | |
| Polca de la profecía | 5 minutos | togas infantiles o camisas de adultos, (opcional: diadema de aureola) | ninguno |
| El sueño de José | 5 minutos | títere de ángeles | ninguno |
| Zumbando el versículo | 5 minutos | Biblia y Abeja BZ | ninguno |
| Canta y adora | 5 minutos | tocadiscos de discos compactos | disco compacto |
| **Zona de Vida** | | | |
| Listos para celebrar | 5 minutos | ver página 29 | ninguno |
| ¿Cuál es la buena nueva? | 5 minutos | (opcional: diadema de aureola) | ninguno |
| Buenas nuevas: acción | 5 minutos | Reproducible 2B (parte inferior), crayones o marcadores | ninguno |
| Adoración estupenda | 5 minutos | Corona de Adviento, cerillos (opcional: papel de construcción, tijeras, celofán, cinta adhesiva) | ninguno |

Los Accesorios de Zona® se encuentran en el **Paquete de DIVERinspiración®**.

PRE-ESCOLAR: LECCIÓN 2

# Acércate a la

Escoja una o más actividades para capturar el interés de sus estudiantes.

**Materiales:**
Reproducible 2A página 170
cinta adhesiva
crayones o marcadores

**Accesorios de Zona®:**
ninguno

## Un nombre especial

Dé la bienvenida a cada estudiante según lleguen. Si no sabe sus nombres, pídales que usen su tarjeta de identificación (página 170). Reproduzca la ilustración de José y el ángel (Reproducible 2A) para cada estudiante. Proporcione a cada estudiante un crayón para marcar en un círculo el nombre JESÚS, escondido en la lámina (se encuentra en cuatro lugares). Pueden terminar de colorear el dibujo con crayones o marcadores.

**Diga: Un ángel le dijo a José que el Hijo de María sería un niñito especial. El nombre de ese niñito sería Jesús, el Salvador que Dios había prometido a su pueblo.**

**Materiales:**
caja mediana
pintura al temple
esponjas
bandejas llanas
arena
papel reciclado o bolsas de papel de estraza

**Accesorios de Zona®:**
ninguno

## Construir la ciudad

Utilizando la esponja, los niños deben pintar una caja mediana para simular un edificio de barro, para lo cual debe mezclar primero pintura roja, amarilla y naranja en las bandejas; para darle textura, agregue a su mezcla un poco de arena. Coloque los pliegos de papel o las bolsas de papel de estraza para que aparenten ser tapetes; sus estudiantes pueden arrugarlo y frotarlo varias veces para suavizar el papel. Coloque los edificios y los tapetes en el área de historias, sus estudiantes pueden divertirse fingiendo dormir sobre los tapetes.

**Materiales:**
Reproducible 2B (parte superior)
engrapadora
mitades de platos de cartón
hilo de tejer
pegamento
marcadores
escarcha de brillo
tapetitos de papel en forma de corazón (doilies)
limpia pipas
tijeras

**Accesorios de Zona®:**
ninguno

## Escucha al ángel

Reproduzca el ángel (**Reproducible 2B, parte superior**) una por estudiante. Permita que lo coloreen. Entregue a cada estudiante la mitad de un plato de cartón y ayúdeles a enrollarlo para formar un cono, engrápelo. Éste será el cuerpo del ángel. Permítales decorar el cono utilizando los marcadores, la escarcha de brillo y pegamento. Pegue en la punta del cono la cara del ángel y ayúdeles a colocar los tapetitos de papel y que así formen las alas del ángel. También pueden colocar una aureola con los limpia pipas. Una vez terminado, sus estudiantes pueden meter su mano en el cono para usarlo como un títere, y simular que el ángel repite la rima.

**Un ángel vino a José un día.
Algo urgente le diría:
"María un Hijo tendría
el niño Jesús nos alegraría"**

Los ángeles se usarán durante el tiempo de la historia bíblica.

ZONA BÍBLICA®

Escoja una o más actividades para sumergir a sus estudiantes en la historia bíblica.

# Polca de la profecía

Explique a sus estudiantes que un profeta es una persona que habla en nombre de Dios. Un profeta le dice a las personas lo que Dios quiere que sepan.

**Diga:** Isaías fue un profeta que trajo buenas nuevas a su pueblo, les dijo que pronto nacería un Salvador que les cuidaría y guiaría.

Escoja a un o una estudiante para que sea un ángel. El ángel deberá vestir una túnica infantil o una camisa grande. Si lo desea puede colocarle una diadema de aureola. Dirija a sus estudiantes durante la polca de la profecía para que sigan al ángel hasta el área de historias.

**Materiales:**
toga infantil o camisa grande
opcional: diadema de limpia pipas

**Accesorios de Zona®:**
ninguno

**Estamos felices y contentos, felices y contentos.**
(Sonrían y agiten los brazos)
**Así estamos hoy.**
(Asientan con la cabeza)
**Isaías trajo buenas nuevas, trajo buenas nuevas.**
(Simulen desenrollar un pergamino)
**Y el pueblo lo escuchó:**
(Coloquen una mano rodeando su oreja)
**"Un salvador ya viene, un salvador ya viene".**
(Extiendan sus brazos hacia el cielo)
**Gritemos: ¡Ra, ra, ra!**
(Agiten sus manos al aire)

**Estamos juntos aplaudiendo, juntos aplaudiendo.**
(Aplaudan)
**Así estamos hoy.**
(Asientan con la cabeza)
**Isaías trajo buenas nuevas, trajo buenas nuevas.**
(Simulen desenrollar un pergamino)
**Y el pueblo lo escuchó:**
(Coloquen una mano rodeando su oreja)
**"Un salvador ya viene, un salvador ya viene".**
(Extiendan sus brazos hacia el cielo)
**Gritemos: ¡Ra, ra, ra!**
(Agiten sus manos al aire)

**Estamos todos hoy saltando, todos hoy saltando.**
(Salten arriba y abajo)
**Así estamos hoy.**
(Asientan con la cabeza)
**Isaías trajo buenas nuevas, trajo buenas nuevas.**
(Simulen desenrollar un pergamino)
**Y el pueblo lo escuchó:**
(Coloquen una mano rodeando su oreja)
**"Un salvador ya viene, un salvador ya viene".**
(Extiendan sus brazos hacia el cielo)
**Gritemos: ¡Ra, ra, ra!**
(Agiten sus manos al aire)

**Estamos hoy bailando, estamos hoy bailando.**
(Bailen por todas partes)
**Así estamos hoy.**
(Asientan con la cabeza)
**Isaías trajo buenas nuevas, trajo buenas nuevas.**
(Simulen desenrollar un pergamino)
**Y el pueblo lo escuchó:**
(Coloquen una mano rodeando su oreja)
**"Un salvador ya viene, un salvador ya viene".**
(Extiendan sus brazos hacia el cielo)
**Gritemos: ¡Ra, ra, ra!**
(Agiten sus manos al aire)

PRE-ESCOLAR: LECCIÓN 2

# Historia de la  

## El sueño de José

*Por Beth Parr*

> *Permita a sus estudiantes traer sus marionetas de ángeles (Reproducible 2A) al círculo. Pueden simular que sus ángeles repiten la estrofa.*

María estaba por casarse con José, quien descendía de la familia del rey David. José era un buen hombre y María le dijo que muy pronto iba a tener un bebé muy especial.

(Mientras sostienen sus marionetas de ángeles, sus estudiantes deben repetir la frase después de usted)
**Dios prometió que enviaría un salvador un día.**
**"Su nombre será Jesús", el ángel diría.**

José pensaba en este bebé especial cuando trabajaba con sus materiales de carpintería. Todo el día, mientras aserraba la madera y martillaba, pensaba y pensaba en María y el bebé.

Esa noche cuando José se fue a dormir, tuvo un sueño; en ese sueño un ángel lo visitó.

(Mientras sostienen sus marionetas de ángeles, sus estudiantes deben repetir la frase después de usted)
**Dios prometió que enviaría un Salvador un día.**
**"Su nombre será Jesús", el ángel diría.**

El ángel le dijo a José que el Hijo que María esperaba era un regalo especial de Dios.

"Le pondrás por nombre Jesús", agregó el ángel. "Este niñito es el Salvador por el que la gente ha esperado por tanto tiempo. Este bebé ayudará a la gente a conocer más sobre el amor de Dios."

(Mientras sostienen sus marionetas de ángeles, sus estudiantes deben repetir la frase después de usted)
**Dios prometió que enviaría un salvador un día.**
**"Su nombre será Jesús", el ángel diría.**

Los profetas le habían dicho al pueblo que Dios enviaría a un salvador, sería un niñito, que les ayudaría a saber que Dios siempre estaría con ellos.

(Mientras sostienen sus marionetas de ángeles, sus estudiantes deben repetir la frase después de usted)
**Dios prometió que enviaría un salvador un día.**
**"Su nombre será Jesús", el ángel diría.**

Cuando José despertó, recordó todo lo que el ángel le había dicho en su sueño. Se emocionó mucho de saber sobre el niño Jesús, entendió que Jesús sería un bebé muy especial, sabía que Jesús era un regalo de Dios.

(Mientras sostienen sus marionetas de ángeles, sus estudiantes deben repetir la frase después de usted)
**Dios prometió que enviaría un Salvador un día.**
**"Su nombre será Jesús", el ángel diría.**

José hizo lo que el ángel le pidió, en cuanto María tuvo al bebé, le puso por nombre Jesús, porque Él ayudaría a la gente de todo el mundo a conocer sobre el amor de Dios.

(Mientras sostienen sus marionetas de ángeles, sus estudiantes deben repetir la frase después de usted)
**Dios prometió que enviaría un salvador un día.**
**"Su nombre será Jesús", el ángel diría.**

# En la ZONA con la Abeja BZ

## Zumbando el versículo

Escoja a un o una estudiante para que sostenga la Biblia abierta en Mateo 1: 21.

**Diga: Nuestra historia bíblica de hoy describe la ocasión en que un ángel le habló a José en un sueño. El ángel le dijo que María tendría un hijo y que debería ponerle por nombre Jesús.**

Repita el versículo bíblico para sus estudiantes, "María tendrá un hijo, y le pondrás por nombre Jesús. Se llamará así porque salvará al pueblo de sus pecados". (Mateo 1: 21). Pida a sus estudiantes que repitan el versículo después de usted.

De espaldas a sus estudiantes o escondiendo las manos debajo de una mesa, coloque en su mano el títere de la Abeja BZ (consulte la página 173). De la vuelta o saque las manos para mostrar el títere a los niños, finja la voz y simule que su títere habla:

**Bzzz. Bzzz. Bzzz, ¡hola a todos, yo soy la Abejita BZ!**

**Bzzz. Bzzz. Bzzz. Estoy volando de un lado a otro y puedo ver que tenemos nuevos amiguitos y amiguitas.**

Acérquese a cada estudiante y anímeles, sin forzarles, para que extiendan sus manos con la palmas hacia arriba. Simule que la abeja BZ intenta posarse en la mano del niño o de la niña, y haga que la abeja diga cosas como:

**Mmm. Mmm. Me gusta conocer nuevos amiguitos y amiguitas. Bzzz. Bzzz. Me encantaría que tú fueras mi amigo. Yum. Yum. ¿Podemos ser amigos?**

Después de que BZ se haya posado en las palmas de todos y todas sus estudiantes, finja que dice:

**Bzzz. Bzzz. Bzzz. Disfruto mucho hacer nuevos amigos y amigas, es tan divertido.**

**Bzzz. Bzzz. Bzzz. Sólo hay algo que me gusta más y es la Biblia.**

**Bzzz. Bzzz. Bzzz. ¿Escucharon, atentamente, la historia bíblica de hoy? ¿Cómo se llamaba el hombre de la historia? (José) ¿Quién le habló a José en su sueño? (Un ángel) ¿Qué le dijo el ángel a José? (Que María tendría un bebé especial y debería ponerle por nombre Jesús).**

**Bzzz. Bzzz. Bzzz. Dios mandó al ángel para que le dijera a José que un Salvador vendría. Jesús es el Salvador que Dios prometió enviarnos.**

**Bzzz. Bzzz. Bzzz. Vamos a repetir este versículo bíblico juntos: "María tendrá un hijo, y le pondrás por nombre Jesús, porque salvará a su pueblo" (Mateo 1: 21).**

Anime a sus estudiantes para que repitan el versículo bíblico con la abeja BZ.

Haga que la abeja BZ se despida de la clase y después podrá guardar el títere.

**Jesús es el Salvador prometido.**

PRE-ESCOLAR: LECCIÓN 2

Escoja una o más actividades para sumergir a sus estudiantes en la historia bíblica.

**Materiales:**
tocadiscos de discos compactos

**Accesorios de Zona®:**
disco compacto

# Canta y adora

Reproduzca el cántico, "Gente en tinieblas" **(disco compacto, pista 4)**. Permita que sus estudiantes entonen solos el cántico.

### Gente en tinieblas

Gente en tinieblas buscando la luz.
Ven, ven, ven, oh Jesús.
Gente en ceguera añorando la luz.
Ven, Cristo Jesús
en estos días de expectación
días de Adviento y amor.

Gente enferma anhelando salud.
Ven, ven, ven, oh Jesús.
Gente en pobreza, en necesidad.
Ven, Cristo Jesús
en estos días de expectación
días de Adviento y fe.

Gente deseando la liberación.
Ven, ven, ven, oh Jesús.
Y en argumentos quieren solución.
Ven, Cristo Jesús
en estos días de expectación
días de Adviento y paz.

LETRA: Dosia Carlson; trad. por Julito Vargas
MÚSICA: Dosia Carlson
© 1983; trad. © 2008 Dosia Carlson. Usada con permiso

 de Vida

Escoja una o más actividades para que la Biblia cobre significado en la vida diaria.

# Listos para celebrar

Tome una fotografía de cada estudiante, o pida a los padres que traigan una. Recorte sólo la cara en forma de círculo. Cubra la mesa con un mantel de plástico o un pliego de plástico. Facilite a cada estudiante la mitad de un filtro de café para que lo coloreen con los marcadores de agua, después, haga que froten los filtros pintados con un hielo para matizar los colores. (Esta actividad los puede dejar un poco desaliñados, por lo que pueden optar por congelar los palitos de artesanía en los cubitos de hielo o usar guantes desechables para tomar los cubitos). Deje secar los filtros.

Proporcione a cada estudiante un vaso de plástico de 8 a 10 onzas para que le peguen escarcha dorada o plateada por toda la superficie. Haga un agujero en la base del vaso utilizando el lápiz o las tijeras. Enséñeles cómo introducir un limpia pipas por el agujero y después ensarte una o dos campanillas por en el extremo que quedó dentro del vaso y ayúdeles a retorcer la punta para que no se caigan las campanillas. Haga un nudo en el otro extremo para asegurarlo. En la parte frontal del vaso, sus estudiantes deberán pegar sus fotografías para hacer campanas de ángeles.

Tan pronto como el filtro de café se haya secado, cada estudiante podrá pegarlo en la parte posterior del vaso para formar las alas del ángel.

**Diga: Nuestra historia bíblica de hoy describió cómo un ángel le comunicó a José que María tendría un niñito especial y que debería llamarse Jesús. Nosotros podemos colgar el ángel que hicimos, en nuestras habitaciones o en nuestros árboles de Navidad para recordar que ese ángel le habló a José en un sueño.**

**Materiales:**
cámara de fotografías instantáneas o digitales
mantel de plástico o un pliego de plástico
filtros de café
marcadores de agua
hielo
vasos de unicel de 8 a 10 onzas
escarcha de brillo dorada o plateada
limpia pipas
campanas (1 ó 2 por cada niño)
tijeras
lápiz
pegamento
opcional: palitos de artesanía o guantes desechables

**Accesorios de Zona®:**
ninguno

# ¿Cuál es la buena nueva?

Indique a sus estudiantes que deben recostarse en el piso alrededor del salón. Elija a un o una estudiante para que simule ser el ángel; puede colocarle una diadema de aureola como indumentaria.

**Diga: Recuéstense y finjan que están dormidos como José. (Nombre del niño/a) será nuestro ángel y cuando él o ella les dé una palmada en el hombro, deben saltar y decir: "Su nombre es Jesús".**

Repita el juego, permitiendo que diferentes niños o niñas sean el ángel.

**Diga: El ángel le dijo a José que Jesús era el Salvador prometido por Dios. Nosotros le podemos contar a nuestros familiares y amigos sobre Jesús y sobre el amor de Dios.**

**Materiales:**
opcional: diadema de aureola

**Accesorios de Zona®:**
ninguno

Pre-escolar: Lección 2

# ZONA de Vida

Escoja una o más actividades para que la Biblia cobre significado en la vida diaria.

**Materiales:**
Reproducible 2B, (parte inferior) crayones o marcadores

**Accesorios de Zona®:**
ninguno

## Buenas nuevas: acción

Reproduzca el nombre de Jesús (**Reproducible 2B, parte inferior**) para cada estudiante. Sus estudiantes deben decorar el nombre con crayones o marcadores.

**Diga: Nosotros podemos decirle a nuestros familiares y amigos la buena nueva de que Jesús nacerá. Cuando aplauda, todos diremos "Su nombre es Jesús", mientras mostramos nuestros letreros con el nombre de Jesús.**

Repita el versículo bíblico "María tendrá un hijo, y le pondrá por nombre Jesús. Se llamará así porque salvará a su pueblo de sus pecados" (Mateo 1:21). Repítanlo realizando acciones diferentes, por ejemplo, golpear el piso con los pies, saltar arriba y abajo, agitar sus manos en el aire.

**Materiales:**
Corona de Adviento
cerillos
opcional: celofán, corona hecha de papel de construcción, cinta adhesiva.

**Accesorios de Zona®:**
ninguno

## Adoración estupenda

Indique a sus estudiantes que se sienten en el área de historias.

**Diga: Jesús es el Salvador prometido por Dios. Mientras encendemos nuestra Corona de Adviento, podemos recordar que el ángel le dijo a José que iba a nacer un niñito especial y tendría que ponerle por nombre Jesús. Nosotros nos preparamos para celebrar el nacimiento de Jesús.**

Encienda la primera y segunda velas de la Corona de Adviento. Si esto le parece peligroso para sus estudiantes, puede hacer aparte una Corona de Adviento con papel de construcción y añadir llamas de papel celofán cada semana.

**Oren: Querido Dios, te damos gracias por el ángel que le llevó a José el mensaje sobre el nacimiento de Jesús. También te damos gracias por haber enviado a Jesús quien nos ayuda a conocer más sobre tu amor. Amén.**

Haga una fotocopia de Zona Casera® para cada estudiante de su clase.

# Casera para padres

**Versículo bíblico**

María tendrá un hijo, y le pondrá por nombre Jesús. Se llamará así porque salvará a su pueblo de sus pecados.
Mateo 1:21

**Historia bíblica**
Mateo 1:18-23

La historia del nacimiento de Jesús en el libro de Mateo, narra la visita que le hizo un ángel a José mientras estaba comprometido para casarse con María. En ese tiempo, María descubrió que muy pronto tendría un bebé, pero José no quería avergonzarla públicamente, así que planeó cancelar la boda calladamente.

Entonces, Dios le habló a José por medio de un ángel. En un sueño, el ángel le dijo a José que el bebé que esperaba María era muy especial, porque era el Hijo de Dios, así que debía seguir adelante con sus planes de boda con María. Una vez que el niño naciera, debería llamarle Jesús, porque este niño salvaría a su pueblo de sus pecados.

## Adoración de Adviento

Hoy elaboramos campanas de ángeles para decorar su hogar o el árbol de Navidad. Conversen sobre el ángel que le dijo a José que debería llamar Jesús al niñito que habría de nacer.

Mientras encienden su Corona de Adviento compartan la historia del nacimiento de Jesús.

Prepare un juego de nacimiento para que su hijo o hija use las figuras del nacimiento de Jesús.

Disfruten el tiempo escuchando y cantando villancicos.

**Oren:** "Amado Dios, gracias por el maravilloso regalo que nos diste con el nacimiento de Jesús. Ayúdanos a mostrar tu amor a los demás. Amén".

Los niñitos y las niñitas no comprenden todas las implicaciones de esta historia, pero sí pueden entender que se habla de un bebé muy especial y que el ángel le dijo a José que llamara Jesús al niño.

Platique con su hijo o hija sobre su nombre, acerca de por qué escogió usted ese nombre para él o ella. Recuérdele que Jesús fue el nombre que Dios le dio al niñito especial de María y José.

**Jesús es el Salvador prometido por Dios.**

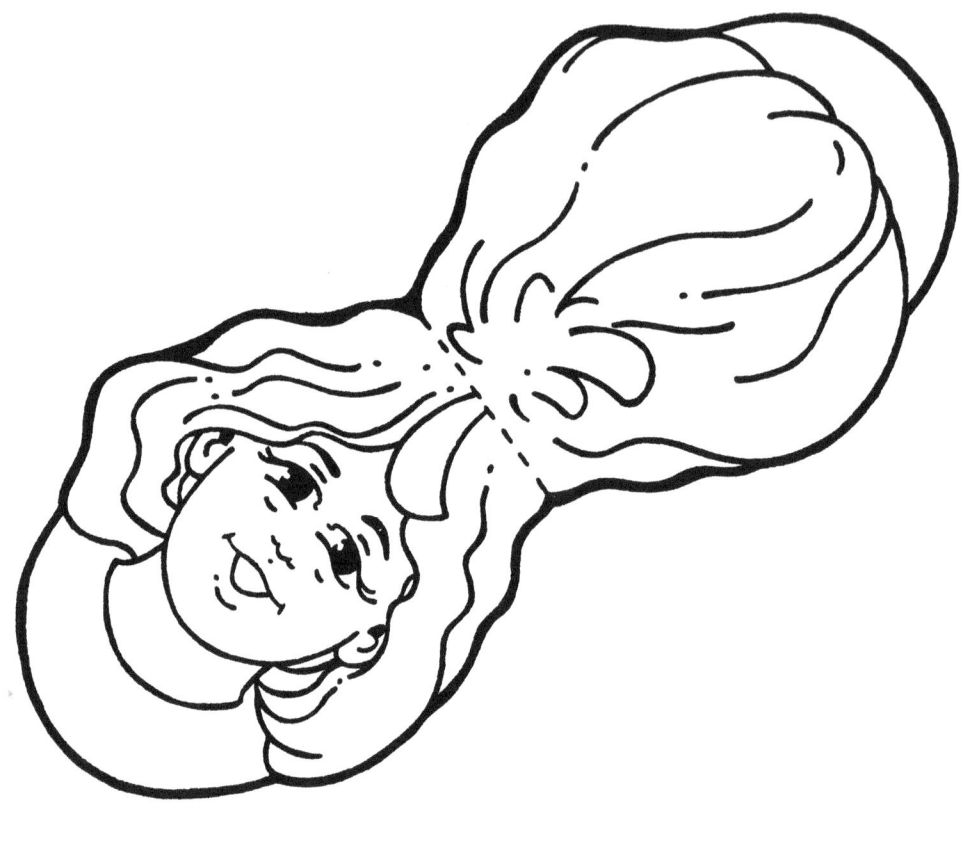

# JESÚS

Pre-escolar: Lección 2 — **Reproducible 2B**
Permiso de fotocopiado otorgado para el uso de la iglesia local. © 2008 Abingdon Press.

# La ciudad de David

## Entra a la ZONA

### Versículo bíblico

...Lo envolvió en pañales y lo acostó en el establo porque no había alojamiento para ellos en el mesón.

Lucas 2:7b

### Historia bíblica
Lucas 2:1-7

Por ser José de la casa del rey David, tuvo que viajar junto a María su esposa hasta Belén, pueblo de origen de David, para inscribirse. Esto fue así, debido a que el emperador Augusto había ordenado que se hiciera un censo.

El viaje debió haber sido muy difícil para ellos, pues María estaba a punto de tener un bebé. Aunque de vez en cuando María puede que hubiera viajado sobre el burro, seguramente hubo ocasiones en que caminó junto a José.

Al llegar a Belén encontraron el pequeño pueblo lleno de gente, que había ido hasta allí para inscribirse también. José fue hasta un mesón en Belén en busca de posada.

Como no había posada en el mesón, les ofrecieron el uso de un establo, que probablemente sería una cueva en la ladera de alguna colina; sin embargo, María y José se alegraron de tener un lugar donde descansar.

Seguramente en el establo se podían escuchar los ruidos que hacían los animales; el piso era de tierra y olía a heno. ¿Quién hubiera pensado que en un lugar tan humilde nacería el tan esperado Mesías? María dio a luz a Jesús en ese establo, lo envolvió en pañales con el propósito de darle calor y protegerlo. Después María acostó tiernamente a Jesús sobre una cama de heno, en un pesebre.

El más grande regalo que Dios le dio al mundo vino a la tierra y estaba acostado sobre heno. Fue una noche muy especial, pues Jesús vino para salvar a la gente de sus pecados. Jesús era el Hijo de Dios.

Esta historia familiar nos recuerda el gran amor de Dios por cada uno de nosotros. Sus estudiantes disfrutarán la historia del nacimiento de Jesús porque era pequeñito, al igual que ellos, y también les gustará saber qué animales estaban presentes en el establo.

Durante esta temporada especial, ore por cada estudiante en su clase. Procure por oportunidades para narrar una y otra vez la maravillosa historia del nacimiento de Jesús.

**Jesús, el Hijo de Dios, nació en un establo.**

## Vistazo a la

| ZONA | TIEMPO | MATERIALES | ACCESORIOS DE ZONA® |
|---|---|---|---|
| **Acércate en la Zona** | | | |
| Un niñito especial | 10 minutos | página 170, cinta adhesiva, canastas de mimbre o cajas, papel de seda amarillo, pinzas para ropa de cabeza redonda, tela suave o franela, pegamento, marcadores. | ninguno |
| Llena el establo | 5 minutos | ver página 36 | ninguno |
| En el camino | 5 minutos | Reproducible 3A, pegamento, cartulina o papel grueso, tela, hilo de tejer o papel de seda verde, arena. | ninguno |
| **ZONA Bíblica®** | | | |
| Polca de la profecía | 5 minutos | vestimenta de los tiempos bíblicos de María y José | ninguno |
| La ciudad de David | 5 minutos | ninguno | ninguno |
| Zumbando el versículo | 5 minutos | Biblia y abeja BZ | ninguno |
| Canta y adora | 5 minutos | tocadiscos de discos compactos | disco compacto |
| **Zona de Vida** | | | |
| Comparte sonrisas | 10 minutos | Reproducible 3B, crayones o marcadores, toallas de papel, platón para tartas, pintura, jabón y agua. | ninguno |
| Buscando posada | 5 minutos | ninguno | ninguno |
| Buenas nuevas: acción | 5 minutos | Biblia | ninguno |
| Adoración estupenda | 5 minutos | Corona de Adviento, fósforos (opcional: celofán, cinta adhesiva, Corona de Adviento hecha de papel de construcción) | ninguno |

Los Accesorios de Zona® se encuentran en el **Paquete de DIVERinspiración®**.

# Acércate a la

Escoja una o más actividades para capturar el interés de sus estudiantes.

**Materiales:**
página 170
cinta adhesiva
canastas de mimbre o cajas
papel de seda amarillo
pinzas para ropa de cabeza redonda
marcadores
tela suave o franela
pegamento

**Accesorios de Zona®:**
ninguno

## Un niñito especial

Dé la bienvenida a cada estudiante. Si no los conoce, pídales que usen la etiqueta con su nombre (página 170). De a cada estudiante una canasta o una caja para simular un pesebre. Permita que hagan tiras del papel de seda amarillo para simular el heno. Proporcione pinzas de ropa para que le dibujen una carita. Facilíteles retazos de tela o franela para envolver al niñito Jesús. Finalmente, permita que acuesten al niñito en el pesebre.

**Diga: Porque había mucha gente en el pueblo María y José tuvieron que pasar la noche en un establo. Esa noche en el establo, nació Jesús y María lo acostó sobre suave de heno.**

**Materiales:**
Transparencia 2
proyector
cartón
tijeras
pegamento
cinta adhesiva
pintura
esponjas
relleno de poliéster
hilo de tejer
caja de cartón
papel para hacer tiras
muñeco de bebé y manta
opcional: vestimenta de tiempos bíblicos

**Accesorios de Zona®:**
ninguno

## Llena el establo

Trace las figuras de los animales (**Transparencia 2**) sobre el cartón y recorte las siluetas. Haga un triángulo con el cartón para darle sostén a los animales, péguelos a la parte posterior de cada figura, de tal forma que puedan quedar parados.

Permita a sus estudiantes pintar a los animales con las esponjas. Pueden utilizar el poliéster para simular la lana de las ovejas e hilo de tejer para simular las colas de los animales.

Use una caja para el pesebre. Deje que sus estudiantes hagan tiras de papel para hacer el heno para el pesebre. Ponga un muñeco bebé envuelto en una manta dentro de la caja.

Puede proveer a los niños y a las niñas algunas vestimentas de los tiempos bíblicos para que puedan jugar actuando la historia en el establo, permítales añadir otros animales a la escenografía.

Coloque los animales y el pesebre en el área de historias.

**Materiales:**
Reproducible 3A
pegamento
cartulina o papel grueso
retazos de tela
hilo de tejer o papel de seda verde
arena

**Accesorios de Zona®:**
ninguno

## En el camino

Reproduzca la ilustración de María y José (**Reproducible 3A**) para cada estudiante y péguenlo a una cartulina o papel grueso. Indíqueles que deben pegar los retazos de tela sobre la ilustración de José y María para simular las ropas. Peguen arena a lo largo del camino y, si lo desean, añadan papel o hilo de tejer verde como si fuera pasto o hierba.

**Diga: El rey ordenó que todos fueran hasta los lugares donde habían nacido para inscribirse (ser contados). María y José tuvieron que hacer un largo viaje desde Nazaret hasta Belén. Cuando llegaron a Belén, María dio a luz al niñito Jesús en un establo.**

ZONA BÍBLICA®

Escoja una o más actividades para sumergir a sus estudiantes en la historia bíblica.

# Polca de la profecía

Explique a sus estudiantes que un profeta es una persona que habla en nombre de Dios. Un profeta le dice a las personas lo que Dios quiere que sepan.

**Diga:** Isaías fue un profeta que trajo buenas nuevas a su pueblo, les dijo que pronto nacería un Salvador que les cuidaría y guiaría.

Escoja a dos estudiantes para que representen a María y José. Utilice las vestimentas de los tiempos bíblicos para vestirles. Dirija durante la **polca de la profecía** para que sigan a María y José hasta el área de historias.

**Materiales:**
vestimentas de María y José

**Accesorios de Zona®:**
ninguno

**Estamos felices y contentos, felices y contentos.**
(Sonrían y agiten los brazos)
**Así estamos hoy.**
(Asientan con la cabeza)
**Isaías trajo buenas nuevas, trajo buenas nuevas.**
(Simulen desenrollar un pergamino)
**Y el pueblo lo escuchó:**
(Coloquen una mano rodeando su oreja)
**"Un salvador ya viene, un salvador ya viene".**
(Extiendan sus brazos hacia el cielo)
**Gritemos: ¡Ra, ra, ra!**
(Agiten sus manos al aire)

**Estamos juntos aplaudiendo, juntos aplaudiendo.**
(Aplaudan)
**Así estamos hoy.**
(Asienten con la cabeza)
**Isaías trajo buenas nuevas, trajo buenas nuevas.**
(Simulen desenrollar un pergamino)
**Y el pueblo lo escuchó:**
(Coloquen una mano rodeando su oreja)
**"Un salvador ya viene, un salvador ya viene".**
(Extiendan sus brazos hacia el cielo)
**Gritemos: ¡Ra, ra, ra!**
(Agiten sus manos al aire)

**Estamos todos hoy saltando, todos hoy saltando.**
(Salten arriba y abajo)
**Así estamos hoy.**
(Asienten con la cabeza)
**Isaías trajo buenas nuevas, trajo buenas nuevas.**
(Simulen desenrollar un pergamino)
**Y el pueblo lo escuchó:**
(Coloquen una mano rodeando su oreja)
**"Un salvador ya viene, un salvador ya viene".**
(Extiendan sus brazos hacia el cielo)
**Gritemos: ¡Ra, ra, ra!**
(Agiten sus manos al aire)

**Estamos hoy bailando, estamos hoy bailando.**
(Bailen por todas partes)
**Así estamos hoy.**
(Asienten con la cabeza)
**Isaías trajo buenas nuevas, trajo buenas nuevas.**
(Simulen desenrollar un pergamino)
**Y el pueblo lo escuchó:**
(Coloquen una mano rodeando su oreja)
**"Un Salvador ya viene, un salvador ya viene".**
(Extiendan sus brazos hacia el cielo)
**Gritemos: ¡Ra, ra, ra!**
(Agiten sus manos al aire)

# Historia de la  Bíblica

## La ciudad de David

*Por Beth Parr*

> *Indique a sus estudiantes que se sienten formando un círculo y pídales que repitan las palabras y las acciones de la historia.*

**Escucha, escucha, escucha.**
(Coloquen una mano alrededor de su oreja)

El rey envió la orden a todo el país. Quería que todas las gentes fueran al pueblo donde habían nacido para inscribirse y ser contados en el censo. Y como José había nacido en Belén, debía hacer un largo viaje hasta allá.

**Empaca, empaca, empaca.**
(Simulen llenar unas bolsas o maletas)

María y José prepararon comida y empacaron su ropa para el largo viaje que harían hasta Belén. María tendría un bebé muy pronto, pero tenían que comenzar el recorrido, así que cargaron su equipaje sobre un burro.

**Camina, camina, camina.**
(Den palmadas con sus manos sobre sus muslos)

María y José comenzaron el viaje hacia Belén: subieron y bajaron por las colinas. A veces María, cuando se sentía cansada, montaba un rato sobre el burro. Al anochecer buscaron un lugar para dormir, como tantas otras personas que viajaban.

**Mira, mira, mira.**
(Coloquen una mano sobre sus ojos como si fuera una visera)

"Ahí está Belén", dijo José, "Finalmente llegamos". María y José se alegraron de que habían logrado llegar a Belén. María sabía que el bebé nacería pronto. Pero había mucha gente en el pueblo también que había ido hasta allí para ser contada por el rey.

**Toca, toca, toca.**
(Finjan llamar a una puerta.)

José llamó a la puerta de una posada y preguntó: "¿Tiene una habitación?", la repuesta del mesonero fue "No, el lugar está lleno, no hay ningún cuarto libre". José se puso muy triste, porque él y María estaban muy cansados del viaje y necesitaban un lugar para dormir.

En ese momento, el mesonero le dijo a José: "Tengo un establo donde están los animales, hay heno sobre el cual pueden dormir, eso es todo lo que les puedo ofrecer."

María y José le dieron las gracias al mesonero y se dirigieron al establo. El niñito Jesús nació enseguida.

**Sonríe, sonríe, sonríe.**
(Sonrían y señalen con un dedo su sonrisa)

María y José estaban muy felices por el nacimiento del niñito Jesús. María lo envolvió en pañales suaves para que estuviera cómodo y calientito. Lo acostó sobre una cama de heno.

Fue un día grandioso, Jesús, el Hijo de Dios, nació en un establo. Jesús era el Salvador que Dios había prometido enviar.

# En la ZONA con la Abeja BZ

## Zumbando el versículo

Escoja a un o una estudiante para que sostenga la Biblia abierta en Lucas 2:7

**Diga: Nuestra historia bíblica de hoy narra el viaje que realizaron María y José hasta Belén. Allí se tuvieron que quedar en un establo porque el pueblo estaba lleno de gente. Fue así que el niñito Jesús, el Hijo de Dios, nació en un establo.**

Repita a sus estudiantes el versículo bíblico: "Lo envolvió en pañales y lo acostó en el establo porque no había alojamiento para ellos en el mesón" (Lucas 2:7). Pídales que repitan el versículo después de usted.

De espaldas a la clase o escondiendo las manos debajo de una mesa, coloque en su mano el títere de la Abeja BZ (consulte la página 173). Dé la vuelta o saque las manos para mostrar el títere a sus estudiantes, finja la voz y simule que su títere habla:

**Bzzz. Bzzz. Bzzz, ¡hola a todos, yo soy la Abejita BZ!**

**Bzzz. Bzzz. Bzzz, Estoy volando de un lado a otro y puedo ver que tenemos nuevos amigos y amigas.**

Acérquese a cada niño y niña, anímeles (sin forzarles) para que extiendan sus manos con sus palmas hacia arriba. Haga como que la Abejita BZ se posa sobre las manitas, y dice cosas tales como:

**Mmm. Mmm. Me gusta conocer nuevos amigos y amigas. Bzzz. Bzzz. Me encantaría que tú fueras mi amigo. Yum. Yum. ¿Podemos ser amigos?**

Después de que BZ se haya posado en las palmas de sus estudiantes, simule que dice:

**Bzzz. Bzzz. Bzzz. Disfruto mucho hacer nuevos amistades, es tan divertido.**

**Bzzz. Bzzz. Bzzz. Sólo hay algo que me gusta más y es la Biblia.**

**Bzzz. Bzzz. Bzzz. ¿Escucharon, atentamente, la historia bíblica de hoy? ¿A dónde viajaron María y José?** (*a Belén*) **¿Dónde se quedaron cuando llegaron a Belén?** (*En un establo*) **¿Qué pasó esa noche?** (*Nació el niñito Jesús*).

**Bzzz. Bzzz. Bzzz. María y José viajaron a Belén y el niñito Jesús nació en un establo.**

**Bzzz. Bzzz. Bzzz. Vamos a repetir este versículo bíblico juntos: "Lo envolvió en pañales y lo acostó en el establo porque no había alojamiento para ellos en el mesón" (Lucas 2:7).**

Invite a sus estudiantes a repetir el versículo bíblico con la Abeja BZ.

Haga que la Abejita BZ se despida de la clase. Después podrá guardar el títere.

> **Jesús, el hijo de Dios, nació en un establo.**

PRE-ESCOLAR: LECCIÓN 3

Escoja una o más actividades para sumergir a sus estudiantes en la historia bíblica.

**Materiales:**
tocadiscos de discos compactos

**Accesorios de Zona®:**
disco compacto

# Canta y adora

Toque el cántico, "La virgen María tuvo un niño" (**disco compacto, pista 6**). Permita a sus estudiantes se diviertan escuchando y moviéndose con la música.

### La virgen María tuvo un niño

Nacióle un niño a María hoy.
Nacióle un niño a María hoy.
Nacióle un niño a María hoy.
Y le puso por nombre Jesús.

Él viene en gloria.
Del glorioso reino viene.
¡Oh, sí, cristianos!
¡Oh, sí, cristianas!
Él viene en gloria.
Del glorioso reino viene.

Cantaron ángeles: "¡Gloria a Dios!"
Cantaron ángeles: "¡Gloria a Dios!"
Cantaron ángeles un "¡Gloria a Dios!"
Y llamaron su nombre Jesús.

Pastores fueron a adorar al Rey.
Pastores fueron a adorar al Rey.
Pastores fueron a adorar al Rey.
Y llamaron su nombre Jesús.

LETRA: Villancico de las Indias Occidentales; trad. por Julito Vargas
MÚSICA: Villancico de las Indias Occidentales
© 1945; trad. © 2008 Boosey & Co. Ltd., admin. por Boosey and Hawkes, Inc

# ZONA de Vida

Escoja una o más actividades para que la Biblia cobre significado en la vida diaria.

## Comparte sonrisas

Reproduzca la tarjeta de Navidad (**Reproducible 3B**) para cada estudiante y permítales que usen los crayones o marcadores para decorar la parte exterior de la postal.

Doble las toallas de papel y colóquelas en un molde para tartas. Vierta una pequeña cantidad de pintura al temple sobre las toallas para hacer una almohadilla para sellos.

Sus estudiantes deberán entintar la palma de su mano con la pintura y estamparla sobre la parte interior de la tarjeta.

**Diga: Hoy escuchamos la historia sobre el viaje de María y José a Belén. Jesús nació mientras estaban allí. En Navidad, nosotros celebramos el nacimiento de Jesús. Con la tarjeta que hicimos compartiremos con un amigo o familiar la noticia del nacimiento de Jesús.**

**Materiales:**
Reproducible 3B
crayones o marcadores
toallas de papel
moldes para tartas
pintura al temple
jabón y agua para asearse

**Accesorios de Zona®:**
ninguno

## Buscando posada

Seleccione a uno de los niños para que sea el mesonero. Camine con los niños alrededor del salón, simulando que ustedes también viajan con María y José.

Vamos caminando a Belén.
Subimos por la colina
Bajamos por la colina
Mira esa roca en el camino
Mira a las otras personas que están de viaje.

Mira, ahí está Belén.
Llamemos a esa puerta y veamos si hay posada. Señor mesonero, ¿tiene posada?
(El niño deberá decir que no o negar con la cabeza)
¡Oh!, ¿dónde nos quedaremos?
(El mesonero ofrece el establo. Ustedes se sientan en el establo.)

**Diga: María y José se quedaron en un establo; mientras estaban allí, sucedió algo maravilloso: nació el niñito Jesús. Entonces, María lo envolvió en pañales suaves y lo acostó en el pesebre sobre la paja. Nosotros nos alegramos por el nacimiento de Jesús.**

PRE-ESCOLAR: LECCIÓN 3

 de Vida

Escoja una o más actividades para que la Biblia cobre significado en la vida diaria.

**Materiales:**
Biblia

**Accesorios de Zona®:**
ninguno

# Buenas nuevas: acción

Jesús nació en un establo en Belén, éstas fueron buenas nuevas.

**Diga: Nosotros le podemos dar a nuestros familiares y amigos las buenas nuevas de que Jesús, el Hijo de Dios, nació en un establo. Cuando yo aplauda, todos diremos "Jesús nació en Belén"; aplaudiré otra vez y todos repetiremos el versículo bíblico "Lo envolvió en pañales y lo acostó en el establo porque no había alojamiento para ellos en el mesón" (Lucas 2:7).**

Repítanlo realizando acciones diferentes, por ejemplo, golpear el piso con los pies, saltar arriba y abajo, agitar sus manos en el aire.

# Adoración estupenda

Indique a sus estudiantes que se sienten en el área de historias.

**Diga: Jesús, el Hijo de Dios, nació en un establo en Belén. Mientras encendemos nuestra Corona de Adviento, podemos recordar que María envolvió en pañales a Jesús y lo acostó en un pesebre sobre la paja.**

**Materiales:**
Corona de Adviento
opcional: cinta adhesiva, celofán, corona hecha de papel de construcción

**Accesorios de Zona®:**
ninguno

Encienda la primera, segunda y tercera velas de la Corona de Adviento. Si esto le parece peligroso para su clase, puede hacer aparte una Corona de Adviento de papel de construcción y cada semana añadir llamas de papel celofán.

**Oren: Amado Dios, gracias por María y José, quienes cuidaron al niñito Jesús. Te damos gracias también por haber enviado a Jesús para ayudarnos y enseñarnos a conocer más sobre tu amor. Amén.**

Haga una fotocopia de Zona Casera® para cada estudiante de su clase.

ZONA BÍBLICA®

# Casera para padres

**Versículo bíblico**
"Lo envolvió en pañales y lo acostó en el establo porque no había alojamiento para ellos en el mesón"
Lucas 2:7

**Historia bíblica**
Lucas 2:1-7

## Adoración de Adviento

Hoy diseñamos tarjetas de Navidad para compartirlas con algún familiar o amigo, usted puede ayudarle a que las entreguen.

Mientras encienden su Corona de Adviento compartan la historia del nacimiento de Jesús.

Permita que su hijo o hija le ayude mientras prepara galletas o elaboran algún obsequio para compartir con alguien a quien consideren especial.

Pueden pasar el tiempo juntos mirando las fotografías de cuando su niña o niño era bebé. Conversen sobre la felicidad que le trajo su nacimiento. Motive a su hijo para que le platique sobre la noche en que Jesús nació.

Disfruten leyendo un libro de Navidad.

María y José emprendieron un largo viaje hacia Belén, ya que el emperador Augusto les ordenó a todas las personas que fueran a sus pueblos de origen para inscribirse y así ser contados en el censo. María y José iniciaron el recorrido sabiendo que el niñito, Jesús, estaba por nacer.

En el camino se encontraron a muchas personas que también se dirigían a sus lugares de origen para cumplir las órdenes del emperador. Cuando María y José llegaron a Belén, las calles estaban llenas de gente. Imagine lo cansados que estaban después de haber hecho un viaje tan largo.

Como no encontraron posada en ningún mesón, se tuvieron que quedar en el único lugar disponible, un establo que les ofreció un mesonero. Esa noche nació en el establo el niñito Jesús, el Hijo de Dios. María lo envolvió, amorosamente, en pañales para que se sintiera calientito y seguro.

Hable con su hijo o hija sobre el día en que nació, si conserva una de sus mantas de bebé, muéstresela y conversen sobre la forma en que María arropó al niñito Jesús para que se sintiera protegido y feliz.

**Jesús, el hijo de Dios, nació en un establo.**

Permiso de fotocopiado otorgado para el uso de la iglesia local. © 2008 Abingdon Press.

PRE-ESCOLAR: LECCIÓN 3

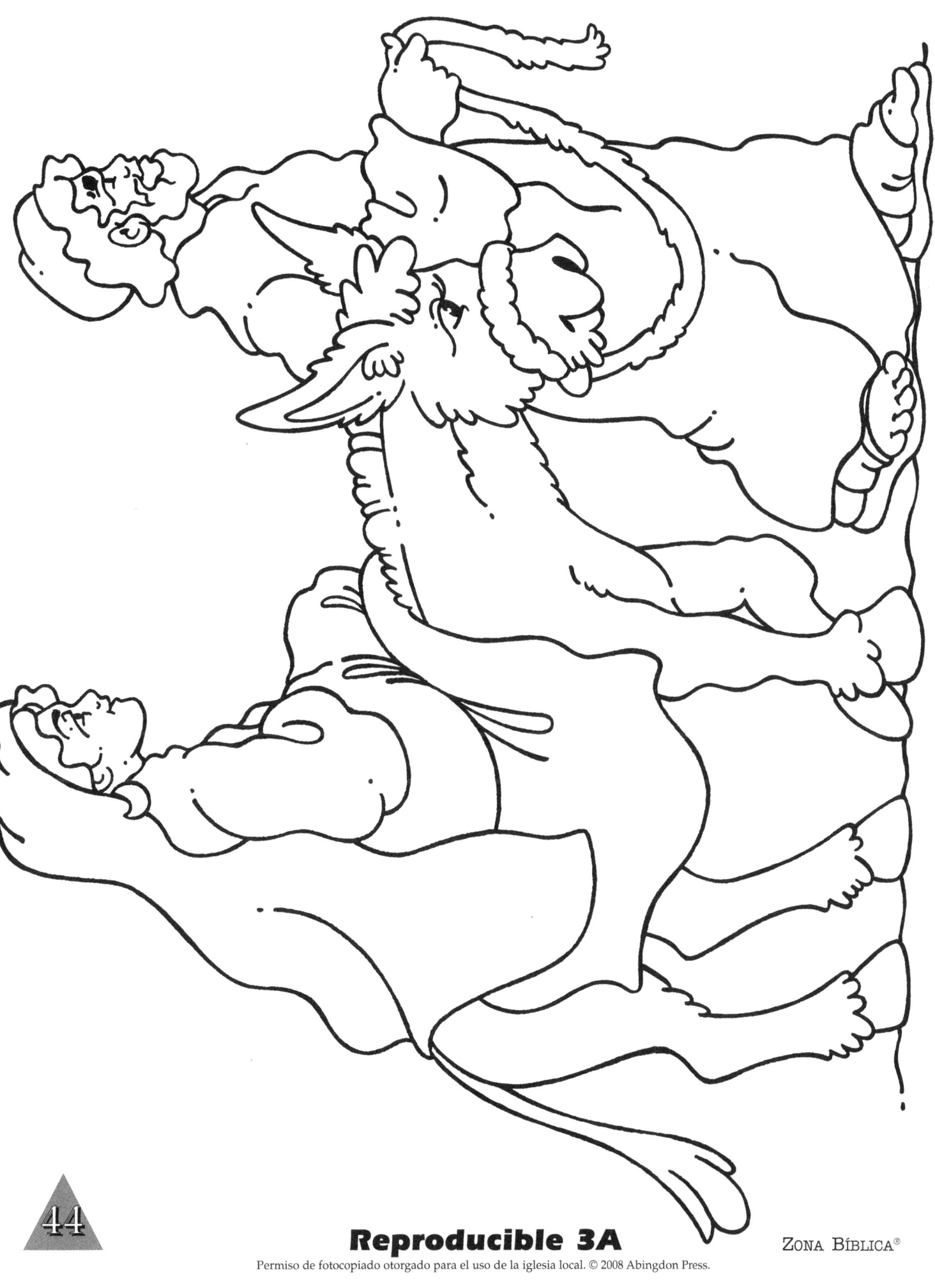

PRE-ESCOLAR: LECCIÓN 3     **Reproducible 3B**
Permiso de fotocopiado otorgado para el uso de la iglesia local. © 2008 Abingdon Press.

# Se cumple la profecía

## Entra a la

### Versículo bíblico
Hoy les ha nacido en el pueblo de David un salvador, que es el Mesías, el Señor.

Lucas 2:11

### Historia bíblica
Lucas 2:7-20

La maravilla del nacimiento de Jesús fue anunciada a los pastores que se encontraban cuidando sus rebaños. La noche debió haber sido muy oscura en el campo. ¿Pueden imaginar la sorpresa al llenarse el cielo de ángeles?

Un ángel compartió con los pastores la buena nueva de que un Salvador había nacido en el pueblo de David. También les dio una señal para reconocer al Salvador: encontrarían a un niñito acostado sobre heno en un pesebre.

Entonces, un coro de ángeles alabó a Dios por el maravilloso regalo que había enviado. Cuando terminaron de cantar, los ángeles desaparecieron, tan repentinamente como habían aparecido.

Los pastores se dirigieron a Belén para ver al Salvador, allí encontraron exactamente lo que el ángel les había dicho: a María, José y un niñito. Enseguida, los pastores les contaron las cosas asombrosas que el ángel les había dicho. En su camino de regreso a sus rebaños, los pastores iban llenos de emoción.

¿Pueden imaginar a un grupo de pastores caminando por las calles de Belén contando con gran emoción y entusiasmo, a toda la gente con las que se encontraban, acerca de lo que habían visto y oído? No mantuvieron en secreto la experiencia, mas bien alabaron a Dios y contaron a todas las personas con las que se encontraron por el camino acerca el maravilloso regalo de Jesús, el Salvador; y la buena nueva de su nacimiento. Les dijeron todo lo que el ángel les había dicho: que el Mesías había nacido, que su nombre era Jesús, y era aquél a quien Dios había prometido enviar para ayudar a la gente a conocer más sobre el amor de Dios.

Cuando compartamos esta historia con nuestros pequeñines, es necesario que hablemos sobre la vida que llevaban los pastores. Por ejemplo, que ellos pasaban muchas horas en el campo cuidando a sus ovejas, su trabajo era velar por el rebaño. Ayúdeles a imaginar la maravillosa experiencia que fue para esos pastores escuchar, de boca de un ángel, la buena nueva del nacimiento de Jesús.

# Jesús es el Mesías prometido por Dios.

## Vistazo a la

| ZONA | TIEMPO | MATERIALES | ⊚ ACCESORIOS DE ZONA® |
|---|---|---|---|
| **Acércate en la Zona** | | | |
| Un coro de ángeles | 5 minutos | Reproducible 4A, página 170, cinta adhesiva, pegamento, palitos con punta de algodón, tapas de cajas, escarcha dorada. | ninguno |
| Llena el establo | 10 minutos | ver página 46 | ninguno |
| En los campos | 5 minutos | ángeles, linterna, tela, ligas de pantimedias. | ninguno |
| **ZONA Bíblica®** | | | |
| Polca de la profecía | 5 minutos | aureola, túnicas infantiles | ninguno |
| Se cumple la profecía | 5 minutos | ninguno | ninguno |
| Zumbando el versículo | 5 minutos | Biblia y Abeja BZ | ninguno |
| Canta y alaba a Dios | 5 minutos | tocadiscos de discos compactos | disco compacto |
| **Zona de Vida** | | | |
| Comparte las buenas nuevas | 10 minutos | Reproducible 4B, crayones o marcadores, cámara de fotografías instantáneas o digital, tijeras, bolas de algodón, pegamento, cartulina o cartón. | ninguno |
| Busca al niñito | 5 minutos | muñeco en un pesebre | binoculares inflables |
| Buenas nuevas: acción | 5 minutos | Biblia | ninguno |
| Adoración estupenda | 5 minutos | Corona de Adviento, cerillos (opcional: celofán, cinta adhesiva, Corona de Adviento hecha de papel de construcción) | ninguno |

⊚ Los Accesorios de Zona® se encuentran en el **Paquete de DIVERinspiración®**.

PRE-ESCOLAR: LECCIÓN 4

# Acércate a la

Escoja una o más actividades para capturar el interés de sus estudiantes.

**Materiales:**
Reproducible 4A
página 170
pegamento
palitos con punta de algodón
tapas de cajas
escarcha de brillo dorada
cinta adhesiva

**Accesorios de Zona®:**
ninguno

**Materiales:**
Transparencia 2
proyector
cartón
tijeras
pegamento
cinta adhesiva
pintura
esponjas
relleno de poliéster
hilo de tejer
caja de cartón
papel para hacer trizas
muñeco bebé y manta
vestimenta de tiempos bíblicos

**Accesorios de Zona®:**
ninguno

**Materiales:**
ángeles hechos con anterioridad
linterna de pilas
rectángulos de tela
ligas de medias asegurar el tocado para la cabeza

**Accesorios de Zona®:**
ninguno

## Un coro de ángeles

Dé la bienvenida a cada estudiante. Si no conoce el nombre de todos, pídales que usen la etiqueta con su nombre (página 170). Reproduzca el ángel (**Reproducible 4A**) uno por estudiante; utilizando los palitos con punta de algodón, tendrán que barnizar toda la figura con pegamento. Después colocarán la hoja sobre una tapa de cartón y podrán espolvorearla con la escarcha de brillo por toda la ilustración. Dejen secar a los ángeles y péguelos con cinta adhesiva al techo para usarlos más tarde.

**Diga: La noche en que nació Jesús, los ángeles aparecieron en el cielo ante unos pastores que cuidaban sus ovejas. De primera intención, los pastores se atemorizaron, pero después un ángel les dio la buena de que aquella misma noche había nacido Jesús en Belén, el pueblo de origen del rey David.**

## Llena el establo

Trace la figura de los animales (**Transparencia 2**) sobre cartón y recorte la silueta. Haga un triángulo también con el cartón para que sea el soporte de los animales, péguelos a la parte posterior de los animales, de tal forma que puedan quedar parados.

Deje que sus estudiantes pinten a los animales con las esponjas. Pueden utilizar el poliéster para simular la lana de las ovejas y el hilo de tejer para simular las colas de los animales.

Use una caja para hacer el pesebre. Deje que sus estudiantes hagan tiras de papel para hacer el heno para el pesebre. Ponga un muñeco bebé envuelto en una manta dentro de la caja.

Puede facilitarles algunos disfraces de los tiempos bíblicos para que puedan actuar en el establo y añadir otros animales a la escenografía. Coloque a los animales y al pesebre en el área de historias.

## En los campos

Facilite a algunos niños y niñas pañoletas o rectángulos de tela y asegúrelos a la cabeza con ligas limpias de medias, sus demás estudiantes serán las ovejas a quienes deben arrear los pastores para ir a dormir. Cuando todos estén quietos, apague las luces y pídales que se acuesten mirando hacia el techo. Alumbre a los ángeles con una linterna de pilas.

**Diga: Cuando los pastores y sus ovejas se dispusieron a dormir, aparecieron en el cielo muchos ángeles, dando la noticia a los pastores de que Jesús había nacido ya en Belén, y cantaban alabanzas a Dios.**

ZONA BÍBLICA®

Escoja una o más actividades para sumergir a sus estudiantes en la historia bíblica.

# Polca de la profecía

Explique a sus estudiantes que un profeta es una persona que habla en nombre de Dios. Un profeta les dice a las personas lo que Dios quiere que sepan.

**Diga:** Los profetas le habían dicho al pueblo que el Mesías, el Rey especial que Dios habría de enviar, nacería en Belén. El ángel les dijo a los pastores que ya había nacido el Mesías. Que era un niñito que se encontraba acostado sobre paja y su nombre era Jesús.

Escoja a un niño o una niña para representar a un ángel. Utilice una aureola y una toga infantil como indumentaria. Dirija a sus estudiantes durante la polca de la profecía para que sigan al ángel hasta el área de historias.

**Materiales:**
aureola
togas infantiles

**Accesorios de Zona®:**
ninguno

**Estamos felices y contentos, felices y contentos.**
(Sonrían y agiten los brazos)
**Así estamos hoy.**
(Asienten con la cabeza)
**Isaías trajo buenas nuevas, trajo buenas nuevas.**
(Simulen desenrollar un pergamino)
**Y el pueblo lo escuchó:**
(Coloquen una mano rodeando su oreja)
**"Un salvador ya viene, un salvador ya viene".**
(Extiendan sus brazos hacia el cielo)
**Gritemos: ¡Ra, ra, ra!**
(Agiten sus manos al aire)

**Estamos juntos aplaudiendo, juntos aplaudiendo.**
(Aplaudan)
**Así estamos hoy.**
(Asienten con la cabeza)
**Isaías trajo buenas nuevas, trajo buenas nuevas.**
(Simulen desenrollar un pergamino)
**Y el pueblo lo escuchó:**
(Coloquen una mano rodeando su oreja)
**"Un salvador ya viene, un salvador ya viene".**
(Extiendan sus brazos hacia el cielo)
**Gritemos: ¡Ra, ra, ra!**
(Agiten sus manos al aire)

**Estamos todos hoy saltando, todos hoy saltando.**
(Salten arriba y abajo)
**Así estamos hoy**
(Asienten con la cabeza)
**Isaías trajo buenas nuevas, trajo buenas nuevas.**
(Simulen desenrollar un pergamino)
**Y el pueblo lo escuchó:**
(Coloquen una mano rodeando su oreja)
**"Un salvador ya viene, un salvador ya viene".**
(Extiendan sus brazos hacia el cielo)
**Gritemos: ¡Ra, ra, ra!**
(Agiten sus manos al aire)

**Estamos hoy bailando, estamos hoy bailando.**
(Bailen por todas partes)
**Así estamos hoy**
(Asienten con la cabeza)
**Isaías trajo buenas nuevas, trajo buenas nuevas.**
(Simulen desenrollar un pergamino)
**Y el pueblo lo escuchó:**
(Coloquen una mano rodeando su oreja)
**"Un salvador ya viene, un salvador ya viene".**
(Extiendan sus brazos hacia el cielo)
**Gritemos: ¡Ra, ra, ra!**
(Agiten sus manos al aire)

# Historia de la  Bíblica

## Se cumple la profecía

*Por Beth Parr*

> *Indique a sus estudiantes que se sienten formando un círculo. Anímeles a participar repitiendo la rima.*

Buenas nuevas, buenas nuevas.
Los ángeles traían
Buenas nuevas, buenas nuevas.
Jesús nació este día.

Lejos en el campo, en la noche oscura y fría,
Con sus ojos bien cerrados, las ovejas dormían.
Mientras, los pastores reposando sus ojos cerrar no podían.
Sabían que cuidar a sus ovejas debían.

De repente el cielo se iluminó.
Había ángeles por doquier con tremendo resplandor.
¿Qué puede ser esto? Los pastores, preguntaban asustados.
Un ángel les dijo "No tengan miedo, les traigo buenas nuevas".

**Buenas nuevas, buenas nuevas.**
**Los ángeles traían**
**Buenas nuevas, buenas nuevas.**
**Jesús nació este día.**

"Tengo buenas nuevas para ustedes", el ángel anunció.
"Jesús, el Mesías este día nació.
En el pueblo de Belén, Jesús duerme ya
Rodeado de animales sobre un pesebre está".

Busquen al niñito donde el rey David nació.
Animales les rodean y en un establo durmió.

Éste es el Salvador prometido por Dios.
A Dios por su Hijo, nuestro gran amigo, debemos alabar.

**Buenas nuevas, buenas nuevas.**
**Los ángeles traían**
**Buenas nuevas, buenas nuevas.**
**Jesús nació este día.**

El cielo oscuro se quedó cuando los ángeles desaparecieron
"Vamos a ver al niñito", los pastores dijeron.
Esa noche salieron hacia el establo presurosos.
A causa de tal visión, sus corazones quedaron gozosos.

Jesús, el Salvador sobre el heno dormía.
Entonces los pastores contaron a María lo que los ángeles habían dicho.
Los pastores llenos de júbilo y amor
En aquel niñito encontraron al Salvador.

Sobre el Hijo de Dios los pastores a otros contaron
Jesús era el Mesías que tanto tiempo esperaron.
Contaron a los que encontraron por el camino,
"Jesús, el Mesías, el día de hoy ha nacido".

# En la ZONA con la Abeja BZ

## Zumbando el versículo

Escoja a un o una estudiante para que sujete la Biblia abierta en Lucas 2:11

**Diga: Nuestra historia bíblica de hoy nos describe cómo los pastores, después de que el ángel les dijo que Jesús ya había nacido, se apresuraron para ver a Jesús.**

Repita a sus estudiantes el versículo bíblico: "Hoy les ha nacido en el pueblo de David un salvador, que es el Mesías, el Señor" (Lucas 2:11). Pídales que repitan el versículo.

De espaldas a la clase o escondiendo las manos debajo de una mesa, coloque en su mano el títere de la Abeja BZ (consulte la página 173). Dé vuelta o saque las manos para mostrar el títere. Finja la voz y simule que su títere habla:

**Bzzz. Bzzz. Bzzz, ¡hola a todos y todas yo soy la Abejita BZ!**

**Bzzz. Bzzz. Bzzz, estoy volando de un lado a otro y puedo ver que tenemos nuevos amiguitos.**

Acérquese a cada estudiante y anímeles, sin forzarles, para que extiendan su mano con la palma hacia arriba. Simule que la abejita intenta posarse en las palmas de sus estudiantes y que dice frases tales como:

Mmm. Mmm. Me gusta conocer nuevos amigos. Bzzz.

**Bzzz. Me encantaría que tú fueras mi amiga. Yum. Yum. ¿Podemos ser amigos?**

Después de que BZ se haya posado en las palmas de cada estudiante, simule que dice:

**Bzzz. Bzzz. Bzzz. Disfruto mucho hacer nuevos amigos y amigas, es tan divertido.**

**Bzzz. Bzzz. Bzzz. Sólo hay algo que me gusta más y es la Biblia.**

**Bzzz. Bzzz. Bzzz. ¿Escucharon, atentamente, la Historia Bíblica de hoy? ¿Cómo se llaman las personas que cuidan a las ovejas?** (*Pastores*) **¿Qué se les apareció a los pastores?** (*Muchos ángeles en el cielo*) **¿Qué les dijeron los ángeles a los pastores?** (Que Jesús ya había nacido).

**Bzzz. Bzzz. Bzzz. Los pastores se apresuraron para llegar a Belén y ver al niñito Jesús, quien era el Mesías que Dios había prometido enviar.**

**Bzzz. Bzzz. Bzzz. Vamos a repetir este versículo bíblico juntos: "Hoy les ha nacido en el pueblo de David un salvador, que es el Mesías, el Señor" (Lucas 2:11).**

Exhorte a sus estudiantes a repetir este versículo bíblico con la Abejita BZ.

Haga que la Abeja BZ se despida de la clase y después podrá guardar el títere.

**Jesús es el Mesías prometido por Dios.**

PRE-ESCOLAR: LECCIÓN 4

Escoja una o más actividades para sumergir a sus estudiantes en la historia bíblica.

**Materiales:**
tocadiscos de discos compactos

**Accesorios de Zona®:**
disco compacto

# Canta y adora

Reproduzca la canción, "La virgen María tuvo un niño" (**pista 6, disco compacto**). Permita a sus estudiantes que se diviertan escuchando y moviéndose al son de la música.

### La virgen María tuvo un niño

Nacióle un niño a María hoy.
Nacióle un niño a María hoy.
Nacióle un niño a María hoy.
Y le puso por nombre Jesús.

Él viene en gloria.
Del glorioso reino viene.
¡Oh, sí, cristianos!
¡Oh, sí, cristianas!
Él viene en gloria.
Del glorioso reino viene.

Cantaron ángeles: "¡Gloria a Dios!"
Cantaron ángeles: "¡Gloria a Dios!"
Cantaron ángeles un "¡Gloria a Dios!"
Y llamaron su nombre Jesús.

Pastores fueron a adorar al Rey.
Pastores fueron a adorar al Rey.
Pastores fueron a adorar al Rey.
Y llamaron su nombre Jesús.

LETRA: Villancico de las Indias Occidentales; trad. por Julito Vargas
MÚSICA: Villancico de las Indias Occidentales
© 1945; trad. © 2008 Boosey & Co. Ltd., admin. por Boosey and Hawkes, Inc.

 de Vida

Escoja una o más actividades para que la Biblia cobre significado en la vida diaria.

# Comparte las buenas nuevas

Reproduzca la lámina del pastor y las ovejas (**Reproducible 4B**) para cada estudiante. Pueden colorear la ropa del pastor y el pasto. Tome una fotografía de cada estudiante o pídales que traigan una, debe recortarlas al tamaño de la cara del pastor. Permita que la peguen sobre la cara del pastor. Añadan bolas de algodón o poliéster sobre el cuerpo de las ovejas. Finalmente pegue la lámina a un pedazo de cartulina o cartón.

**Diga:** Hoy escuchamos la historia de los pastores cuando fueron de prisa hasta Belén para conocer a Jesús y luego cuando dieron, a todas las personas con quienes se encontraron por el camino, la buena nuevas del nacimiento de Jesús. Nosotros también podemos hablar a nuestros amigos y familiares del amor de Jesús y Dios, entonces seremos como los pastores que compartieron las buenas nuevas de Jesús, el Hijo de Dios.

**Materiales:**
Reproducible 4B
crayones o marcadores
cámara de fotografías instantáneas o digital
tijeras
bolas de algodón o delcron
pegamento
cartulina o cartón

**Accesorios de Zona®:**
ninguno

# Buscando al niñito

Coloque al muñeco envuelto en una manta sobre el pesebre que crearon con anterioridad. Si no hicieron el pesebre, puede recostar al muñeco en una caja o tabla en un extremo de la habitación. Proporcione los binoculares inflables a un o una estudiante para que busque al bebé alrededor de la habitación, tal como hicieron los pastores.

Somos pastores, sentados en el campo, cuidamos de nuestro rebaño.
Aquí está muy, muy oscuro.
¡Oh! Miren esa luz resplandeciente en el cielo.
Parece un ángel.
Estoy asustado. ¿Estás asustado?
Dice el ángel que Jesús, nuestro Salvador, ha nacido en Belén.
Dice el ángel que Jesús se encuentra acostado en un establo, envuelto en pañales.
Miren todos esos ángeles cantando en el cielo.
Vamos a buscar a Jesús (Permita que los niños y niñas, con la ayuda de los binoculares encuentren el camino)
Aquí está Jesús, lo encontré.
Nos alegramos, estamos contentos.
Corramos para decirles a otras personas que Jesús nació en Belén.

Repita esta actividad hasta que todos sus estudiantes hayan tenido la oportunidad de buscar al bebé Jesús.

**Diga:** Los pastores estaban muy emocionados por el nacimiento del niñito Jesús, por eso les contaron a otras personas sobre Jesús y el amor de Dios. Nosotros también estamos muy contentos y les podemos hablar a otras personas sobre Jesús.

**Materiales:**
muñeco bebé en una caja (pesebre)

**Accesorios de Zona®:**
binoculares inflables

PRE-ESCOLAR: LECCIÓN 4

# ZONA de Vida

Escoja una o más actividades para sumergir a sus estudiantes en la historia bíblica.

**Materiales:**
Biblia

**Accesorios de Zona®:**
ninguno

## Buenas nuevas: la acción

**Diga:** Los ángeles les dieron buenas nuevas a los pastores cuando les hablaron sobre Jesús. Ahora, nosotros podemos decir la buena nuevas a nuestros amigos, amigas y familiares, de que Jesús, el Hijo de Dios, nació en Belén. Cuando yo aplauda, todos diremos "Jesús nació en Belén".

Repítanlo realizando acciones diferentes, por ejemplo, golpear el piso con los pies, saltar arriba y abajo, agitar sus manos en el aire.

Pida a sus estudiantes que repitan también el versículo bíblico "Hoy les ha nacido en el pueblo de David un salvador, que es el Mesías, el Señor" (Lucas 2:11).

**Materiales:**
Corona de Adviento
cerillos
opcional: celofán,
    cinta adhesiva,
    corona hecha de
    papel de construc-
    ción

**Accesorios de Zona®:**
ninguno

## Adoración estupenda

Indique a sus estudiantes que se sienten en el Área de historias.

**Diga:** Jesús, el Hijo de Dios, nació en un establo en Belén. Mientras encendemos nuestra Corona de Adviento, podemos recordar que los ángeles les anunciaron a los pastores que Jesús había nacido.

Encienda la primera, segunda, tercera y cuarta velas en la Corona de Adviento. Si le parece peligroso la llama de las velas, puede hacer una Corona de Adviento con papel de construcción y añadir llamas de papel celofán cada semana.

**Oren:** Amado Dios, gracias por los ángeles que anunciaron el nacimiento de Jesús. Te damos gracias también por los pastores quienes se dieron prisa para ir a ver al niñito Jesús. Ayúdanos para que nosotros también estemos dispuestos a hablarle a otras personas sobre tu amor. Amén.

Haga una fotocopia de Zona Casera® para cada estudiante de su clase.

# Casera para padres

**Versículo bíblico**
"Hoy les ha nacido en el pueblo de David un salvador, que es el Mesías, el Señor".
Lucas 2:11

**Historia bíblica**
Lucas 2:7-20

## Cayado de pastor

Mezcle su receta favorita de galletas dulces, divida la masa y agregue un poco de colorante artificial rojo para teñir una de las partes. Permita que su niño o niña le ayude formando tiras con la masa. Envuelva o trence una tira roja y una blanca; después doble uno de los extremos para hacer la parte superior del cayado. Por último, horneé conforme a las instrucciones de su receta.

Comparta estos cayados de pastor con sus amigos y familiares. Anime a su niño o niña a que les anuncie "Jesús nació en Belén".

**Disfrute la rima de nuestra historia de hoy:**

Buenas nuevas, buenas nuevas.
Los ángeles traían
Buenas nuevas, buenas nuevas.
Jesús nació este día.

Durante una noche oscura, en que los pastores se encontraban en los campos, cuidando de sus ovejas, de repente el cielo se llenó con un gran resplandor. Los pastores se asustaron y un ángel se les apareció para anunciarles que Jesús había nacido en Belén, el pueblo natal del rey David. Entonces, se aparecieron muchos ángeles, llenando el cielo, alabando a Dios.

Cuando los ángeles desaparecieron, los pastores fueron de prisa hasta Belén para ver a aquel niñito. El ángel les dijo que reconocerían a Jesús porque estaría envuelto en pañales y acostado en un pesebre lleno de paja.

Los pastores encontraron a María, José y a Jesús. En ese momento les contaron lo que el ángel les había anunciado. Cuando salieron del establo, iban alabando a Dios y contando sobre Jesús, el Mesías, a todas las personas con quienes se encontraban.

Es necesario que cuando compartamos con los niños y las niñas, el tema del Mesías, lo definamos como alguien enviado por Dios para ayudar a la gente a conocer más sobre Dios y su amor.

## Jesús es el Mesías prometido por Dios.

Permiso de fotocopiado otorgado para el uso de la iglesia local. © 2008 Abingdon Press.

PRE-ESCOLAR: LECCIÓN 4

# Simeón y Ana

## Entra a la

### Versículo bíblico
"[Él es] la luz que alumbrará a las naciones y que será la gloria de tu pueblo Israel".

Lucas 2:32

### Historia bíblica
Lucas 2:21-38

Con el propósito de cumplir la Ley de Moisés, María y José presentaron al niñito en el Templo justo a los ocho días de nacido y le pusieron por nombre Jesús, tal como el ángel le había dicho a María.

Llevaron a Jesús al Templo, lo presentaron ante Dios e hicieron sacrificio como acción de gracias por la bendición de un bebé.

En ese tiempos había un hombre piadoso llamado Simeón. El era una persona que siempre había seguido a Dios, viviendo de la manera correcta. Él anhelaba ver al Mesías, el rey prometido por Dios para guiar a su pueblo.

Cuando María y José llevaron a Jesús al Templo, Simeón también estaba allí e inmediatamente reconoció que este niñito era el Salvador prometido por Dios. Así que tomó a Jesús entre sus brazos y alabó a Dios, también dio gracias a Dios por cumplir su promesa de enviar un Salvador para ayudar a la gente a conocer más sobre su amor. Simeón profetizó que; el poder de Dios era una luz que alumbraría a las naciones, y que sería la gloria de su pueblo Israel.

Mientras tanto, María y José no salían de su asombro por todo lo que Simeón profetizaba. Simeón también les bendijo antes de irse.

En ese momento había en el Templo una profetisa llamada Ana, y había sido viuda por ochenta y cuatro años, siempre había servido a Dios, orando diariamente.

Cuando Ana vio a Jesús, alabó a Dios y les comunicó a todos que Jesús era quien salvaría al pueblo de Israel.

Sus pequeñines no conocen la costumbre de la circuncisión y podría ser difícil para ellos tratar el tema. Es mejor que enfatice el hecho de que Jesús era especial, él era el Mesías prometido por Dios. Los pastores lo sabían, Simeón y Ana lo supieron, al igual que María y José; y ahora nosotros también lo sabemos.

Es importante que enfatice que Dios siempre cumple sus promesas, pues Dios prometió enviar un salvador a su pueblo y ese salvador es Jesús.

# Podemos confiar en las promesas de Dios.

## Vistazo a la

| ZONA | TIEMPO | MATERIALES | ACCESORIOS DE ZONA® |
|---|---|---|---|
| **Acércate en la Zona** | | | |
| Observa a Simeón | 5 minutos | Reproducible 5A, página 170, cinta adhesiva, crayones o marcadores. | ninguno |
| ¿Cómo te llamas? | 5 minutos | ver página 60 | ninguno |
| En el Templo | 5 minutos | bolsas pequeñas de papel, etiquetas engomadas, crayones o marcadores, hilo de tejer, tijeras | ninguno |
| **ZONA Bíblica®** | | | |
| Polca de la profecía | 5 minutos | vestimentas de tiempos bíblicos | ninguno |
| Simeón y Ana | 5 minutos | pergaminos | ninguno |
| Zumbando el versículo | 5 minutos | Biblia y Abeja BZ | ninguno |
| Canta y adora | 5 minutos | tocadiscos de discos compactos | disco compacto |
| **Zona de Vida** | | | |
| Luminarias alegres | 10 minutos | Biblia, papel de construcción negro, pintura amarilla, toallas de papel, platón para tartas o recipientes llanos y utensilios de limpieza. | ninguno |
| Contar con Dios | 5 minutos | ninguno | ninguno |
| Estandartes de bendición | 10 minutos | Reproducible 5B, aros de madera o alambre, crayones o marcadores, tijeras, engrapadora, pegamento. | ninguno |
| Buenas nuevas: acción | 5 minutos | ninguno | ninguno |
| Adoración estupenda | 5 minutos | Corona de Adviento, cerillos (opcional: papel celofán, cinta adhesiva, Corona de Adviento hecha de papel de construcción) | ninguno |

Los Accesorios de Zona® se encuentran en el **Paquete de DIVERinspiración®**.

# Acércate a la

Escoja una o más actividades para capturar el interés de sus estudiantes.

**Materiales:**
Reproducible 5A
página 170
cinta adhesiva
crayones o marcadores

**Accesorios de Zona®:**
ninguno

## Observa a Simeón

Dé la bienvenida a cada estudiante. Si no conoce sus nombres, pídales que cada uno use la etiqueta con su nombre (página 170). Reproduzca las ilustraciones de Simeón y Jesús (**Reproducible 5A**), una por estudiante. Ahora pídales que identifiquen las diferencias entre ambos dibujos (la escenografía, las rayas de la túnica, el banco y el tocado); después lo pueden colorear con los crayones o marcadores.

**Diga: Luego del nacimiento de Jesús, María y José lo llevaron al Templo, que es como si fuera nuestra Iglesia hoy. Un hombre llamado Simeón se puso muy feliz cuando vio a Jesús, porque sabía que Jesús era el Salvador prometido por Dios.**

**Materiales:**
hojas de papel en blanco
papel de construcción
tijeras
pegamento
mica autoadherible transparente
perforadora
hilo de tejer
sorbete de plástico (pitillo, popote)
cinta adhesiva gruesa
marcadores

**Accesorios de Zona®:**
ninguno

## ¿Cómo te llamas?

Antes de que inicie su clase, escriba el nombre de cada estudiante sobre un corazón pequeño de papel blanco y sobre otro corazón del mismo tamaño el nombre de Jesús. Corte los sorbete de plástico en pedazos de 1 ó 2 pulgadas. Proporcione a cada estudiante un corazón hecho de papel de construcción, ligeramente más grande que los corazones blancos. Pídales que peguen sobre un lado del corazón de papel de construcción, el corazón blanco con su nombre, y por el otro, el corazón blanco con el nombre de Jesús. Ayúdeles a cubrir sus corazones con la mica transparente o con cinta adhesiva transparente por ambos lados. Recorte el sobrante para que sólo quede la silueta. Haga un agujero con la perforadora en la parte superior del corazón para introducir el hilo de tejer; también pueden añadirle los pedazos de sorbete para hacer un collar más firme (para facilitar esta actividad puede envolver uno de los extremos del hilo de tejer con cinta adhesiva para hacerlo más rígido). Ahora puede unir los extremos para colgarlo.

**Diga: Cuando María y José llevaron a Jesús al Templo, les dijeron a todas las personas que su nombre era Jesús, porque así le había dicho el ángel a María que lo llamara. Tus padres te dieron también un nombre especial. Los corazones que construimos nos recuerdan nuestros nombres y el de Jesús, Hijo de Dios.**

**Materiales:**
bolsas pequeñas de papel
etiquetas engomadas
crayones o marcadores
hilo de tejer
tijeras

**Accesorios de Zona®:**
ninguno

## En el Templo

Facilite a cada estudiante una bolsa de papel pequeña cortada de tal forma que se pueda extender. Muéstreles cómo estrujar el papel y extenderlo varias veces hasta que se suavice. Permítales decorar el papel con etiquetas engomadas o dibujos. Ayúdeles a enrollar el papel como un pergamino y átelos con una pedazo de hilo de tejer.

**Diga: Cuando la gente leía en el Templo acerca de Dios, lo hacían de rollos de pergamino en lugar de libros. Desenrollemos nuestros pergaminos y digamos la buena nuevas de que Jesús es el Hijo de Dios.**

ZONA BÍBLICA®

Escoja una o más actividades para sumergir a sus estudiantes en la historia bíblica.

# Polca de la profecía

Explique a sus estudiante que un profeta es una persona que habla en nombre de Dios. Un profeta le dice a la gente lo que Dios quiere que sepan.

**Diga: Los profetas le dijeron al pueblo que el Mesías, el rey que Dios enviaría habría de nacer en Belén. Simeón y Ana supieron que Jesús era el Mesías.**

Escoja a dos estudiantes para que sean Simeón y Ana. Utilice las vestimentas de los tiempos bíblicos para vestirles. Dirija a sus estudiantes durante la polca de la profecía para que sigan a Simeón y Ana hasta el área de historias.

**Materiales:**
vestimentas de los tiempos bíblicos

**Accesorios de Zona®:**
ninguno

**Estamos felices y contentos, felices y contentos.**
(Sonrían y agiten los brazos)
**Así estamos hoy.**
(Asienten con la cabeza)
**Isaías trajo buenas nuevas, trajo buenas nuevas.**
(Simulen desenrollar un pergamino)
**Y el pueblo lo escuchó:**
(Coloquen una mano rodeando su oreja)
**"Un salvador ya viene, un salvador ya viene".**
(Extiendan sus brazos hacia el cielo)
**Gritemos: ¡Ra, ra, ra!**
(Agiten sus manos al aire)

**Estamos juntos aplaudiendo, juntos aplaudiendo.**
(Aplaudan)
**Así estamos hoy.**
(Asienten con la cabeza)
**Isaías trajo buenas nuevas, trajo buenas nuevas.**
(Simulen desenrollar un pergamino)
**Y el pueblo lo escuchó:**
(Coloquen una mano rodeando su oreja)
**"Un salvador ya viene, un salvador ya viene".**
(Extiendan sus brazos hacia el cielo)
**Gritemos: ¡Ra, ra, ra!**
(Agiten sus manos al aire)

**Estamos todos hoy saltando, todos hoy saltando.**
(Salten arriba y abajo)
**Así estamos hoy.**
(Asienten con la cabeza)
**Isaías trajo buenas nuevas, trajo buenas nuevas.**
(Simulen desenrollar un pergamino)
**Y el pueblo lo escuchó:**
(Coloquen una mano rodeando su oreja)
**"Un salvador ya viene, un salvador ya viene".**
(Extiendan sus brazos hacia el cielo)
**Gritemos: ¡Ra, ra, ra!**
(Agiten sus manos al aire)

**Estamos hoy bailando, estamos hoy bailando.**
(Bailen por todas partes)
**Así estamos hoy.**
(Asienten con la cabeza)
**Isaías trajo buenas nuevas, trajo buenas nuevas.**
(Simulen desenrollar un pergamino)
**Y el pueblo lo escuchó:**
(Coloquen una mano rodeando su oreja)
**"Un salvador ya viene, un salvador ya viene".**
(Extiendan sus brazos hacia el cielo)
**Gritemos: ¡Ra, ra, ra!**
(Agiten sus manos al aire)

# Historia de la  Bíblica

## Simeón y Ana

*Por Beth Parr*

> *Instruya a sus estudiantes que se sienten formando un círculo y pídales que traigan sus pergaminos para que lean las buenas nuevas.*

Una vez que Jesús cumplió ocho días de nacido, María y José lo llevaron al Templo porque querían dar gracias a Dios por Jesús. También era el tiempo justo cuando les dirían a todos el nombre de este niñito especial.

María y José fueron al Templo, presentaron el bebé ante Dios y le pusieron por nombre Jesús, tal como les había dicho el ángel.

En ese momento se encontraba en el Templo un hombre muy anciano llamado Simeón, quien amaba a Dios y siempre vivió de manera agradable a Dios.

Dios le prometió a Simeón que un día vería al Salvador de su pueblo, así que Simeón esperó y espero y esperó.

Cuando María y José trajeron a Jesús al Templo, Simeón supo que Jesús era el Salvador prometido por Dios.

(Indique a sus estudiantes que se pongan de pie, desenrollen sus pergaminos y repitan la siguiente frase después de usted.)

**Jesús es el Salvador prometido por Dios.**

Simeón tomó al niñito entre sus brazos y dijo una oración dando gracias a Dios por este niñito tan especial. Alabó a Dios porque sabía que Jesús guiaría a su pueblo.

(Indique a sus estudiantes que se pongan de pie, desenrollen sus pergaminos y repitan la siguiente frase después de usted.)

**Jesús es el Salvador prometido por Dios.**

María y José se sorprendieron mucho de todo lo que Simeón decía; entonces Simeón oró por María y José.

Ese día también había una mujer en el Templo, llamada Ana, quien también era muy ancianita. Siempre asistía al Templo para orar porque amaba a Dios y hacía lo que Dios deseaba.

Cuando entró al Templo y vio a Jesús, supo que éste era un niñito especial. Comprendió que Jesús era el Salvador prometido por Dios.

(Indique a sus estudiantes que se pongan de pie, desenrollen sus pergaminos y repitan la siguiente frase después de usted.)

**Jesús es el Salvador prometido por Dios.**

Ana alabó a Dios dando gracias por el nacimiento de Jesús. Estaba muy feliz de haber visto a Jesús, porque sabía Jesús enseñaría a la gente sobre el amor de Dios.

(Indique a sus estudiantes que se pongan de pie, desenrollen sus pergaminos y repitan la siguiente frase después de usted.)

**Jesús es el Salvador prometido por Dios.**

# En la  con la Abeja BZ

## Zumbando el versículo

Escoja a un o una estudiante para que sujete la Biblia abierta en Lucas 2:32.

**Diga: Nuestra historia bíblica de hoy nos habla de Simeón y Ana, quienes vieron a Jesús cuando María y José lo llevaron al Templo y supieron que Jesús era el Hijo de Dios.**

Mencione a sus estudiantes el versículo bíblico: "[Él es] la luz que alumbrará a las naciones y que será la gloria de tu pueblo Israel". (Lucas 2:32). Pídales que repitan el versículo después de usted.

De espaldas a la clase o escondiendo las manos debajo de una mesa, coloque en su mano el títere de la Abejita BZ (consulte la página 173). Dé la vuelta o saque las manos para mostrar el títere a sus estudiantes, finja la voz y simule que su títere habla:

**Bzzz. Bzzz. Bzzz, ¡hola a todos y a todas, yo soy la Abejita BZ!.**

**Bzzz. Bzzz. Bzzz, estoy volando de un lado a otro y puedo ver que tenemos nuevos amigos y amigas.**

Acérquese a cada estudiante y anímeles, sin forzarles, para que extiendan las manos con las palmas hacia arriba. Haga que la Abeja BZ intente posarse en las manitas y que diga frases como:

**Mmm. Mmm. Me gusta conocer nuevos amigos y amigas. Bzzz. Bzzz. Me encantaría que tú fueras mi amiga. Yum. Yum. ¿Podemos ser amigos?**

Después de que BZ se haya posado en las palmas de cada estudiante, finja que dice:

**Bzzz. Bzzz. Bzzz. Disfruto mucho de hacer nuevas amistades, es tan divertido.**

**Bzzz. Bzzz. Bzzz. Sólo hay algo que me gusta más y es la Biblia.**

**Bzzz. Bzzz. Bzzz. ¿Escucharon, atentamente, la historia bíblica de hoy? ¿A dónde llevaron María y José a Jesús?** (*Al Templo*) **¿Quiénes estaban en el Templo?** (*Simeón y Ana*) **¿Por qué se alegraron tanto Simeón y Ana?** (*Porque ellos vieron a Jesús y sabían que Dios lo había enviado*).

**Bzzz. Bzzz. Bzzz. Simeón y Ana se alegraron mucho cuando vieron a Jesús porque sabían que Jesús era alguien especial, el Salvador, prometido por Dios.**

**Bzzz. Bzzz. Bzzz. Vamos a repetir este versículo bíblico juntos: "[Él es] la Luz que alumbrará a las naciones, y que será la luz de tu pueblo Israel"** (Lucas 2:32).

Exhorte a sus estudiantes a que repitan el versículo bíblico con la Abejita BZ.

Haga que la Abejita BZ se despida de la clase y después podrá guardar el títere.

 **Podemos confiar en las promesas de Dios.**

Escoja una o más actividades para sumergir a sus estudiantes en la historia bíblica.

**Materiales:**
tocadiscos de discos compactos

**Accesorios de Zona®:**
disco compacto

# Canta y adora

Reproduzca el cántico, "La Virgen María tuvo un bebé" (**disco compacto, pista 6**). Permita que los niños y las niñas se diviertan escuchando y moviéndose al son de la música.

### La virgen María tuvo un niño

Nacióle un niño a María hoy.
Nacióle un niño a María hoy.
Nacióle un niño a María hoy.
Y le puso por nombre Jesús.

Él viene en gloria.
Del glorioso reino viene.
¡Oh, sí, cristianos!
¡Oh, sí, cristianas!
Él viene en gloria.
Del glorioso reino viene.

Cantaron ángeles: "¡Gloria a Dios!"
Cantaron ángeles: "¡Gloria a Dios!"
Cantaron ángeles un "¡Gloria a Dios!"
Y llamaron su nombre Jesús.

Pastores fueron a adorar al Rey.
Pastores fueron a adorar al Rey.
Pastores fueron a adorar al Rey.
Y llamaron su nombre Jesús.

LETRA: Villancico de las Indias Occidentales; trad. por Julito Vargas
MÚSICA: Villancico de las Indias Occidentales
© 1945; trad. © 2008 Boosey & Co. Ltd., admin. por Boosey and Hawkes, Inc.

 de vida

Escoja una o más actividades para que la Biblia cobre significado en la vida diaria.

# Luminarias alegres

Reparta a cada estudiante una hoja de papel de construcción oscuro. Doble a la mitad las toallas de papel y colóquelas dentro de los platones para tartas o recipientes llanos, después vierta un poco de pintura al temple color amarilla sobre las toallas para que sus estudiantes entinten las palmas de sus manos y puedan imprimirlas sobre el papel de construcción oscuro. Pueden hacer luminarias como un sol o destellos estampando sus huellas por todo el papel.

**Diga: Hoy escuchamos la historia de Simeón y Ana, quienes se alegraron mucho del nacimiento de Jesús porque sabían que Jesús era el Mesías prometido por Dios. Hoy trazamos algunas luminarias para recordarnos que Dios siempre cumple sus promesas. Nuestro versículo bíblico de hoy dice que Jesús es "la Luz que alumbrará a las naciones" (Lucas 2:32).**

**Materiales:**
Biblia
papel de construcción oscuro
pintura al temple amarilla
toallas de papel
platón para tartas o recipiente llano
utensilios de limpieza

**Accesorios de Zona®:**
ninguno

# Contar con Dios

Pida a sus estudiantes que formen una fila en el extremo opuesto de donde usted se encuentra.

**Diga: Nuestra historia de hoy nos narra cómo Dios le prometió a Simeón que vería al Salvador prometido por Dios. Cuando Simeón vio a Jesús, supo que él era el Salvador. Ahora nosotros vamos a hacer un juego que nos ayudará a recordar que Dios siempre cumple sus promesas. Voy a leer algunas frases, y ustedes deben escuchar para saber cuántos pasos deben dar.**

**Si Dios nos ama siempre, den tres pasos pequeños.
Si Dios está con nosotros cuando estamos tristes, den dos pasos grandes.
Si Dios está con nosotros cuando dormimos, den dos pasos saltando en un solo pie.
Si Dios está con nosotros cuando nos enojamos, den dos pasos volando.
Si Dios está con nosotros cuando estamos contentos, den dos pasos galopando.
Si Dios envió a Jesús para ayudarnos a conocer más sobre Dios, avancen dos pasos.**

En cuanto sus estudiantes lleguen hasta el extremo donde usted se encuentra, anímeles a que aplaudan y alaben a Dios, porque Dios prometió estar siempre con nosotros y Dios siempre cumple sus promesas.

**Materiales:**
ninguno

**Accesorios de Zona®:**
ninguno

PRE-ESCOLAR: LECCIÓN 5

# de Vida

Escoja una o más actividades para que la Biblia cobre significado en la vida diaria.

**Materiales:**
Reproducible 5B
cinta de 3 pulgadas de ancha
aros de madera o alambre
crayones o marcadores
tijeras
engrapadora
pegamento

**Accesorios de Zona®:**
ninguno

## Estandartes de bendición

Reproduzca las imágenes de los momentos en que Dios permanece con nosotros (**Reproducible 5B**) para cada estudiante y permítales colorearlo con los crayones o marcadores, después ayúdeles a recortar los recuadros.

Proporcióneles una cinta de 3 pulgadas de ancho por 24 pulgadas de largo y auxílieles para introducir un extremo del listón a un aro de madera o alambre y engraparlo para sostener el aro. Permita a sus estudiantes que peguen los recuadros a lo largo del listón.

**Diga:** Los estandartes que hicimos nos pueden ayudar a recordar que Dios siempre cumple sus promesas, que en todo momento está con nosotros y nos ama.

Pida a los niños y a las niñas que mencionen los momentos en los que Dios está con nosotros, mientras todos juntos repiten: "Dios me ama".

**Materiales:**
ninguno

**Accesorios de Zona®:**
ninguno

## Buenas nuevas: acción

**Diga:** Para Simeón y Ana ver a Jesús fue una buena nueva. Nosotros podemos dar la buena nueva a nuestros familiares y amigos de que Dios siempre cumple sus promesas, como cuando envió a Jesús para ayudarnos a conocer más sobre el amor de Dios. Cuando yo aplauda, todos diremos "Dios cumple sus promesas, Dios siempre está con nosotros".

**Materiales:**
Corona de Adviento
cerillos
opcional: papel de celofán, cinta adhesiva, corona hecha de papel de construcción.

**Accesorios de Zona®:**
ninguno

## Adoración estupenda

Indique a la clase que se sienten en el área de historias.

**Diga :** Mientras encendemos nuestra Corona de Adviento podemos recordar que Simeón y Ana se pusieron muy contentos al ver a Jesús.

Encienda la primera, segunda, tercera y cuarta velas de la Corona de Adviento, en esta ocasión también encienda la vela del centro.

**Oren:** Amado Dios, nosotros nos alegramos de que Tú siempre estés con nosotros. Te damos gracias por tu amor y por Jesús. Amén.

Haga una fotocopia de Zona Casera® para cada estudiante de su clase.

 # Casera para padres

**Versículo bíblico**
"[Él es] la Luz que alumbrará a las naciones y que será la gloria de tu pueblo Israel."
Lucas 2:32

**Historia bíblica**
Lucas 2:21-38

## Bocadillo en forma de la letra "M"

Platique con su hijo o hija sobre lo felices que se pusieron sus familiares y amigos el día de su nacimiento. Muéstrele algunas fotografías, si cuenta con ellas. Recuérdele que Simeón y Ana se alegraron mucho cuando Jesús nació, porque sabían que Él era el Mesías prometido por Dios.

Utilice algunos palillos de pan para hacer bocadillos con forma de letra "M" para recordar mientras los comparten, que Jesús es el Mesías. También pueden compartir golosinas o confites de la marca M&M's con el mismo propósito.

Con el propósito de cumplir la Ley de Moisés, María y José presentaron al bebé en el Templo justo a los ocho días de nacido y le pusieron por nombre Jesús, tal como el ángel le había indicado a María.

En ese tiempo había un anciano llamado Simeón, que siempre había sido fiel a Dios, cumpliendo con sus estatutos. Él anhelaba ver al Mesías, el rey especial que Dios enviaría para guiar a su pueblo.

Cuando María y José llevaron a Jesús al Templo, Simeón supo que este bebé era el Salvador prometido por Dios. Así que tomó a Jesús entre sus brazos y alabó a Dios, dándole gracias por cumplir su promesa de enviar un Salvador para ayudar a la gente a conocer más sobre su amor. Él dijo que el poder de Dios es una luz que alumbrará a las naciones, ayudándoles a hacer el bien.

En ese momento había también en el Templo una profetisa llamada Ana, cuando Ana vio a Jesús, alabó a Dios y les comunicó a todos que Jesús era quien salvaría al pueblo de Israel.

 **Podemos confiar en las promesas de Dios.**

Permiso de fotocopiado otorgado para el uso de la iglesia local. © 2008 Abingdon Press.

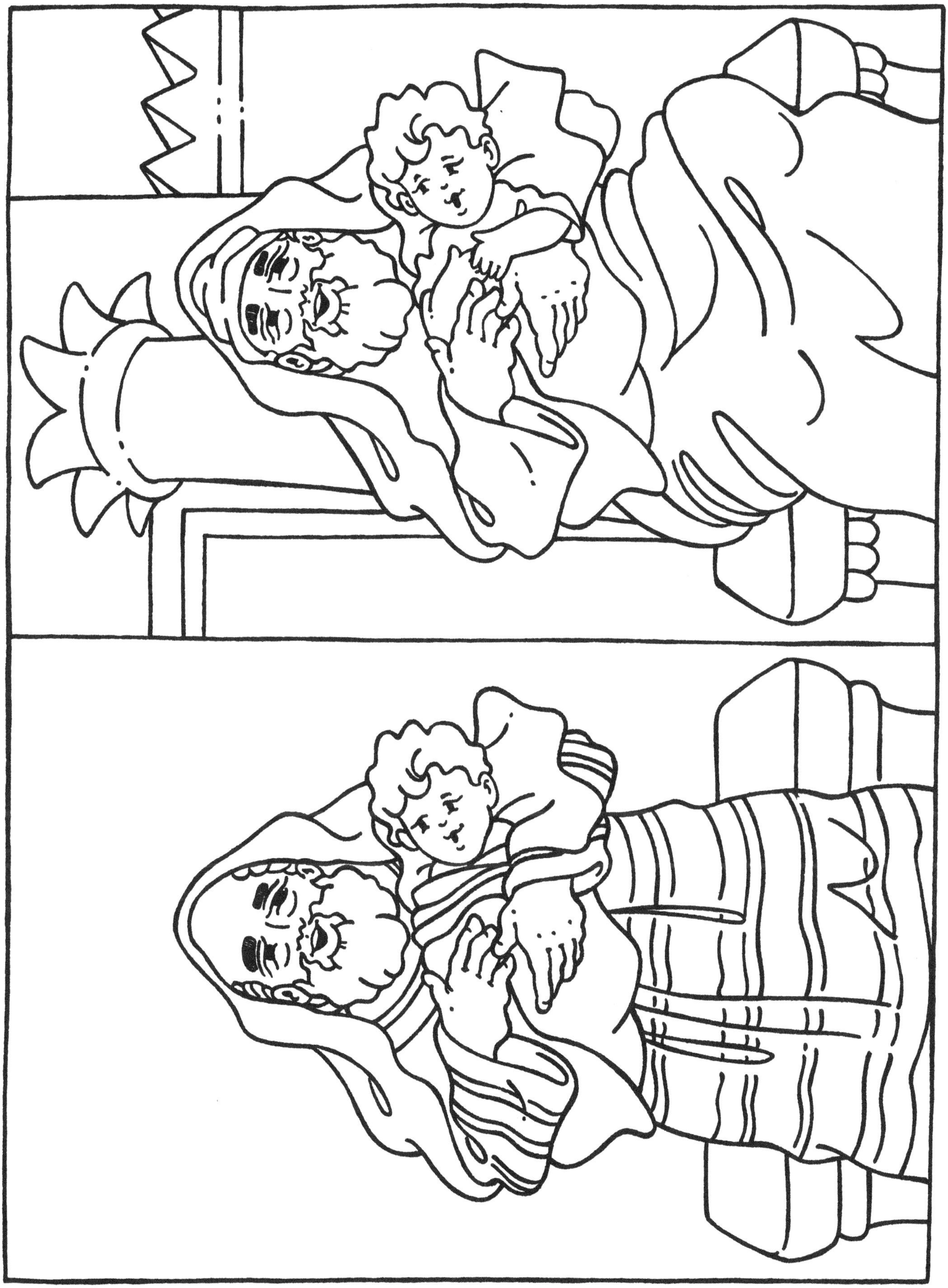

**Reproducible 5A**

Permiso de fotocopiado otorgado para el uso de la iglesia local. © 2008 Abingdon Press.

Zona Bíblica®

Pre-escolar: Lección 5  **Reproducible 5B**

# Los sabios de oriente siguen la estrella

― Entra a la  ―

### Versículo bíblico
Vimos salir su estrella y hemos venido a adorarlo.

Mateo 2:2b

### Historia bíblica
Mateo 2:1-12

Jesús nació en Belén durante el tiempo en que el rey Herodes gobernaba la región de Judea. Unos sabios de Oriente se presentaron ante Herodes y le preguntaron dónde estaba el rey de los judíos que había nacido, ya que habían visto salir su estrella y querían adorarlo. Al escuchar esto, Herodes se preocupó porque temió que este bebé especial le quitara su poder, pues sabía que este niñito era el Mesías prometido por Dios.

Herodes les preguntó a los sabios sobre la estrella; les dijo que fueran a Belén, averiguaran todo lo que pudieran sobre el niño y le informaran en cuanto lo encontraran, porque él también quería adorarle; pero eso no era cierto, ya que lo que quería era deshacerse de él.

Los sabios montaron sus camellos para seguir a la brillante estrella, finalmente la estrella se detuvo sobre el lugar donde se encontraba Jesús. Ellos se bajaron de sus animales y entraron a la casa y se arrodillaron frente a Jesús para adorarlo.

Los sabios le llevaron obsequios especiales a Jesús: oro, incienso y mirra. El incienso era una gomorresina de unos árboles oriundos de Arabia, y producía un hermoso aroma y se utilizaba en las ceremonias de adoración. La mirra otra gomorresina que provenía de la resina de otro árbol que crece en Arabia y África, tiene un olor muy fuerte y un sabor amargo, con ella se elaboraban perfumes y ungüentos.

Una vez que los sabios encontraron a Jesús, no le informaron al rey Herodes, porque tuvieron un sueño donde se les advertía de las intenciones de Herodes. Así que regresaron a su tierra por otro camino.

Sus estudiantes no comprenderán la importancia de los obsequios que recibió Jesús debido a que no conocen su valor y significado. Es necesario que les explique que esos regalos eran una forma en que los sabios adoraron a Jesús.

La aparición de la estrella que dirigió a los sabios nos recuerda que Dios envió a Jesús para ayudar a las gentes de todo el mundo.

# Jesús es el Salvador enviado por Dios para todo el mundo.

## Vistazo a la

| ZONA | TIEMPO | MATERIALES | ACCESORIOS DE ZONA® |
|---|---|---|---|
| **Acércate en la Zona** | | | |
| Cetros de estrella | 5 minutos | ver página 72 | ninguno |
| Estrellas aromáticas | 10 minutos | harina, sal, canela, agua, tabla para cortar o papel de aluminio, tazón, cortadores en forma de estrella, taza de medir, refrigerador, cinta, plástico para envolver, tijeras, horno, bandeja para galletas, sorbetes (popotes) | ninguno |
| **ZONA Bíblica®** | | | |
| Polca de la profecía | 5 minutos | tela | corona de terciopelo, coronas prismáticas de cartón |
| Los sabios siguen la estrella | 5 minutos | cetros de estrella | ninguno |
| Zumbando el versículo | 5 minutos | Biblia y Abeja BZ | ninguno |
| Canta y adora | 5 minutos | tocadiscos de discos compactos | disco compacto |
| **Zona de Vida** | | | |
| Obsequios de flor de estrella | 10 minutos | ver página 77 | etiquetas engomadas de estrellas |
| Siguiendo la estrella | 5 minutos | Biblia, página 169, tijeras, marcador amarillo | binoculares inflables |
| Traemos obsequios | 5 minutos | Reproducible 6B, crayones o marcadores, sobres tamaño carta | etiquetas engomadas de estrellas |
| Buenas nuevas: acción | 5 minutos | ninguno | ninguno |
| Adoración estupenda | 5 minutos | ninguno | pelota inflable de estrella |

Los Accesorios de Zona® se encuentran en el **Paquete de DIVERinspiración®**.

PRE-ESCOLAR: LECCIÓN 6

# Acércate a la

Escoja una o más actividades para capturar el interés de sus estudiantes.

**Materiales:**
Reproducible 6A
página 170
esponjas
tubos de cartón o cartulina
pelotas pequeñas de hule espuma (foam)
pintura al temple amarilla o dorada
palitos con punta de algodón
pegamento
tapas de cajas
escarcha de brillo dorada
tijeras
cinta adhesiva gruesa

**Accesorios de Zona®:**
ninguno

**Materiales:**
harina
sal
canela
tazón
agua
tabla para cortar o papel de aluminio
cortadores en forma de estrella
taza de medir
plástico para envolver
horno
refrigerador
bandeja para galletas
sorbetes (popotes)
cinta

**Accesorios de Zona®:**
ninguno

## Cetros de estrella

Reproduzca las imágenes de las estrellas (**Reproducible 6A**) para cada estudiante y ayúdeles a recortar cada estrella.

Proporcione a cada estudiante un tubo de cartón o enrolle una hoja de cartulina y fíjelo con cinta adhesiva gruesa.

Ayude a sus estudiantes a pegar en un extremo del tubo, una pelota de hule espuma. Utilizando una esponja, deje que pinten la pelota y el tubo con la pintura amarilla o dorada. Con un palito con punta de algodón deberán barnizar las estrellas con pegamento y colocarlas sobre una tapa de cartón para esparcir sobre ellas la escarcha de brillo dorada. Para finalizar pegue las estrellas sobre la pelota de hule espuma en lado opuesto.

**Diga : Los sabios siguieron una estrella para encontrar a Jesús porque querían adorarlo y llevarle regalos.**

Guarde los cetros de estrella hasta que llegue el tiempo de la historia bíblica.

## Estrellas aromáticas

Mezcle los ingredientes para formar una masa aromática incluyendo las especias para hacer estrellas colgantes (no son comestibles).

Mezcle dos tazas de harina, una de sal y cinco cucharaditas de canela en un tazón. Haga un agujero en el centro de la mezcla. Vierta ¾ de taza de agua tibia. Permita a sus estudiantes que integren la masa con sus manos. Añada harina o agua a la mezcla, según lo necesite la consistencia de la masa para eliminar lo seco o lo pegajoso. Continúen amasando durante cinco minutos más, después envuelva la masa con el plástico transparente y refrigérela durante 20 minutos.

Una vez que haya sacado la masa del refrigerador, permita a sus estudiantes que la extiendan y usen los cortadores de galleta con forma de estrella. Con la ayuda de los sorbetes, perfore cada estrella. Horneé las estrellas a unos 350 grados durante una hora. Deje enfriar las estrellas y ayude a sus estudiantes introducir un cinta por el orificio para poder colgarlas.

**Diga: Cuando los sabios fueron a ver a Jesús, le llevaron regalos especiales, como oro. También le regalaron incienso y mirra, que tienen un aroma delicioso, como el de nuestras estrellas.**

Escoja una o más actividades para sumergir a sus estudiantes en la historia bíblica.

# Polca de la profecía

**Materiales:**
tela

**Accesorios de Zona®:**
corona de terciopelo, coronas de cartón

**Diga:** Los profetas les anunciaron que el Mesías, el rey especial prometido por Dios, nacería en Belén. Los sabios siguieron una estrella brillante para encontrar a Jesús porque querían adorarlo y llevarle regalos.

Dirija a sus estudiantes durante la polca de la profecía para que sigan a Herodes hasta el área de historias.

Escoja a un estudiante para que sea el rey Herodes. Utilice la corona de terciopelo como indumentaria para Herodes. A los demás estudiantes puede darles las coronas de cartón.

**Estamos felices y contentos, felices y contentos.**
(Sonrían y agiten los brazos)
**Así estamos hoy.**
(Asienten con la cabeza)
**Isaías trajo buenas nuevas, trajo buenas nuevas.**
(Simulen desenrollar un pergamino)
**Y el pueblo lo escuchó:**
(Coloquen una mano rodeando su oreja)
**"Un salvador ya viene, un salvador ya viene".**
(Extiendan sus brazos hacia el cielo)
**Gritemos: ¡Ra, ra, ra!**
(Agiten sus manos al aire)

**Estamos juntos aplaudiendo, juntos aplaudiendo.**
(Aplaudan)
**Así estamos hoy.**
(Asienten con la cabeza)
**Isaías trajo buenas nuevas, trajo buenas nuevas.**
(Simulen desenrollar un pergamino)
**Y el pueblo lo escuchó:**
(Coloquen una mano rodeando su oreja)
**"Un Salvador ya viene, un salvador ya viene".**
(Extiendan sus brazos hacia el cielo)
**Gritemos: ¡Ra, ra, ra!**
(Agiten sus manos al aire)

**Estamos todos hoy saltando, todos hoy saltando.**
(Salten arriba y abajo)
**Así estamos hoy.**
(Asienten con la cabeza)
**Isaías trajo buenas nuevas, trajo buenas nuevas.**
(Simulen desenrollar un pergamino)
**Y el pueblo lo escuchó:**
(Coloquen una mano rodeando su oreja)
**"Un Salvador ya viene, un salvador ya viene".**
(Extiendan sus brazos hacia el cielo)
**Gritemos: ¡Ra, ra, ra!**
(Agiten sus manos al aire)

**Estamos hoy bailando, estamos hoy bailando.**
(Bailen por todas partes)
**Así estamos hoy.**
(Asienten con la cabeza)
**Isaías trajo buenas nuevas, trajo buenas nuevas.**
(Simulen desenrollar un pergamino)
**Y el pueblo lo escuchó:**
(Coloquen una mano rodeando su oreja)
**"Un salvador ya viene, un salvador ya viene".**
(Extiendan sus brazos hacia el cielo)
**Gritemos: ¡Ra, ra, ra!**
(Agiten sus manos al aire)

PRE-ESCOLAR: LECCIÓN 6

# Historia de la  

## Los sabios de oriente siguen la estrella

*Por Beth Parr*

*Pida a sus estudiantes que traigan sus cetros de estrella* (**Reproducible 6A**) *y siéntense formando un círculo.*

**Diga: Cada vez que escuchen la palabra ESTRELLA en nuestra historia, ustedes deben levantar su cetro de estrella.**

Jesús nació en Belén durante el tiempo en que el rey Herodes gobernaba a Judea. Un día llegaron a Jerusalén unos sabios y le preguntaron al rey "¿Dónde está ese niñito especial, el Mesías? Nosotros hemos seguido su **estrella**. (Sus estudiantes deben levantar su cetro de **estrella**) Y queremos adorarlo".

Al escuchar esto, el rey Herodes no se alegró, tenía miedo de no poder seguir siendo el rey.

Así que el rey Herodes llamó a las personas más sabias de su corte para preguntarles "¿dónde va a nacer el Mesías?"

Después de pensar y pensar, le comunicaron al rey Herodes que el Mesías nacería en Belén, ya que recordaron que el profeta había anunciado que un líder especial nacería en Belén.

Herodes pidió a los sabios de oriente que fueran a verlo y les dijo: "Vayan a Belén y encuentren a este niño, después, regresen para decirme dónde se encuentra, para que yo también pueda adorarlo".

Los sabios subieron a sus camellos, para continuar el viaje, entonces vieron nuevamente una hermosa y grande **estrella** (sus estudiantes deben levantar su cetro de **estrella**) en el cielo. Siguieron a la **estrella** (sus estudiantes deben levantar su cetro de **estrella**). Hasta el lugar donde Jesús se encontraba los guió la **estrella**. (Su estudiantes deben levantar su cetro de **estrella**).

Los sabios se emocionaron mucho al ver a la **estrella**. (Sus estudiantes deben levantar su cetro de **estrella**). Se bajaron de sus camellos, entraron a la casa sobre la que se detuvo la **estrella** (sus estudiantes deben levantar su cetro de **estrella**).

Cuando entraron a la casa, vieron a María y Jesús, entonces se arrodillaron y empezaron a adorarlo.

Los sabios le llevaron obsequios muy especiales a Jesús. Uno de ellos le regaló oro.

El otro sabio le regaló a Jesús incienso, que tenía un delicioso aroma y era utilizado por las gentes en la adoración a Dios.

El tercer sabio le obsequió mirra a Jesús, que también tenía un olor muy fuerte y servía para elaborar perfumes y lociones.

Los sabios le llevaron regalos a Jesús porque querían honrarlo como el Mesías prometido por Dios para ayudar a la gente a conocer más sobre Dios.

Los sabios montaron a sus camellos para comenzar su viaje de regreso a su casa, pero tomando otro camino para no contarle nada al rey Herodes sobre Jesús.

# En la  con la Abeja BZ

## Zumbando el versículo

Escoja a un o una estudiante para que sujete la Biblia abierta en Mateo 2:2

**Diga: Nuestra historia bíblica de hoy nos habla de los sabios que siguieron una estrella en busca de Jesús porque querían adorarlo y ofrecerle regalos.**

Repita el versículo bíblico a sus estudiantes. Pídales que repitan el versículo después de usted.

De espaldas a la clase o escondiendo las manos debajo de una mesa, coloque en su mano el títere de la Abeja BZ (consulte la página 173). Dé la vuelta o saque las manos para mostrar el títere a la clase, finja la voz y simule que su títere habla:

**Bzzz. Bzzz. Bzzz, ¡hola a todos y todas, yo soy la Abejita BZ!**

**Bzzz. Bzzz. Bzzz, estoy volando de un lado a otro y puedo ver que tenemos nuevos amiguitos y amiguitas.**

Acérquese a cada estudiante y anímeles, sin forzarles, para que extiendan las manos con sus palmas hacia arriba de manera que la Abejita BZ se pueda posar en ellas. Simule que la abeja se posa en la palma de cada estudiante y que dice frases como:

**Mmm. Mmm. Me gusta conocer nuevos amigos. Bzzz. Bzzz. Me encantaría que tú fueras mi amiga. Yum. Yum. ¿Podemos ser amigos?**

Después de que BZ se haya posado en las palmas de cada estudiante, simule que dice:

**Bzzz. Bzzz. Bzzz. Disfruto mucho de hacer nuevas amistades, es tan divertido.**

**Bzzz. Bzzz. Bzzz. Sólo hay algo que me gusta más que hacer nuevas amistades y es la Biblia.**

**Bzzz. Bzzz. Bzzz. ¿Escucharon, atentamente, la historia bíblica de hoy? ¿Cómo encontraron los sabios a Jesús?** (*Siguiendo una estrella*) **¿Qué hicieron los sabios cuando encontraron a Jesús?** (*Adorarlo y ofrecerle obsequios*) **¿Qué obsequios le llevaron los sabios a Jesús?** (*Oro, incienso y mirra*).

**Bzzz. Bzzz. Bzzz. Los sabios se alegraron mucho cuando vieron a Jesús porque sabían que Jesús era alguien especial, Él era el Salvador, prometido por Dios.**

**Bzzz. Bzzz. Bzzz. Vamos a repetir este versículo bíblico juntos: "Vimos salir su estrella y hemos venido a adorarlo" (Mateo 2:2).**

Exhorte a sus estudiantes para que repitan el versículo bíblico con la Abejita BZ.

Haga que la Abejita BZ se despida y después podrá guardar el títere.

 **Jesús es el Salvador enviado por Dios para todo el mundo.**

PRE-ESCOLAR: LECCIÓN 6

Escoja una o más actividades para sumergir a sus estudiantes en la historia bíblica.

**Materiales:**
tocadiscos de discos compactos

**Accesorios de Zona®:**
disco compacto

# Canta y adora

Toque el cántico "Estos astros" (**disco compacto, pista 1**) en el tocadiscos de discos compactos. Permita que sus estudiantes se diviertan escuchando el cántico.

### Estos astros

Esos astros también son los que vio Abraham.
Al levantar su rostro a Dios
millones astros observó.
De alegría se llenó Abraham.

Me inspiran en mi fe, David también los vio.
Sus dudas supo disipar.
Acerca del amor de Dios
en los salmos que David escribió.

Brillaron allá en Belén dando luz eternal.
Sirvieron de promesa fiel.
Y al ver esto María y José
supieron que era digno esperar.

Estos astros también son los mismos hoy y ayer.
Siguen cantando del amor
que anuncia el reino de Dios.
Testigos fieles seguirán los mismos astros.

LETRA: Richard K. Avery y Donald S. Marsh; trad. por Julito Vargas
MÚSICA: Richard K. Avery y Donald S. Marsh
© 1979; trad. © 2008 Hope Publishing Co., Carol Stream, IL 60188
Todos los derechos reservados. Usado con permiso. Para permiso para reproducir este himno, ponerse en contacto con Hope Publishing Co. llamando al 1-800-323-1049 o www.hopepublishing.com

# ZONA de Vida

Escoja una o más actividades para que la Biblia cobre significado en la vida diaria.

## Obsequios de flor de estrella

Antes de la clase, trace las estrellas (**página 168**) sobre una hoja de papel grueso y recórtelas; haga suficientes copias para que cada estudiante cuente con varias estrellas. Proporcione un vaso de hule espuma (de 12 a 16 onzas) a cada estudiante. Pueden decorar el exterior del vaso con las **etiquetas de engomar de estrellas**. Enséñeles cómo depositar un montoncito de plastilina o arcilla dentro del vaso para fijar las flores.

Vacíe la crema de afeitar sobre varias bandejas y después agregue un poco de acuarela o colorante artificial de diferente color en cada bandeja. Permita a sus estudiantes que pasen los tenedores sobre la crema de afeitar para producir la apariencia del mármol. Después pueden colocar las estrellas encima de la crema, una vez que estén pintadas, pueden retirarlas; con una tarjeta pueden eliminar el exceso de espuma. Ahora tienen unas hermosas estrellas de mármol. Sus estudiantes pueden repetir esta actividad para decorar más estrellas.

Finalmente, podrán pegar las estrellas en los palitos y fijarlos en la plastilina o arcilla dentro del vaso.

**Diga: Hoy escuchamos la historia de los sabios que fueron a ver a Jesús para adorarlo y llevarle obsequios. Ustedes pueden regalar sus flores de estrella a un amigo o familiar, anunciándoles que Jesús les ama y ustedes también.**

**Materiales:**
página 168
papel de construcción o papel grueso
tijeras
vasos de hule espuma de 12 a 16 onzas
plastilina o arcilla
bandejas de galletas o bandejas de plástico
crema para rasurar
acuarelas o colorante artificial
tenedores desechables
tarjetas
pegamento
palitos de artesanía

**Accesorios de Zona®:**
etiquetas engomadas de estrellas

## Siguiendo la estrella

Antes de iniciar su clase, reproduzca las estrellas (**página 169**). Coloree la estrella más grande con el marcador amarillo, coloque las estrellas alrededor del salón. Entregue los binoculares a algunos niños y a algunas niñas.

**Diga: Vamos a cabalgar sobre nuestros camellos alrededor del salón. Quienes tengan binoculares, serán los sabios que nos ayudarán a encontrar las estrellas. Primero buscaremos las estrellas pequeñas y al final la más grande. Cuando encontremos la estrella grande; repetiremos el versículo bíblico: "Vimos salir su estrella y hemos venido a adorarlo" (Mateo 2:2).**

Tan pronto como uno de los sabios (quien tenga los binoculares) encuentre una estrella, debe pasar los binoculares a otra persona, para continuar buscando. Una vez que hayan encontrado todas las estrellas, incluyendo la grande, recuerde a sus estudiantes que la estrella ayudó a los sabios a encontrar a Jesús y repitan el versículo bíblico juntos.

**Materiales:**
página 169
Biblia
tijeras
marcador amarillo

**Accesorios de Zona®:**
binoculares inflables

PRE-ESCOLAR: LECCIÓN 6

# de Vida

Escoja una o más actividades para que la Biblia cobre significado en la vida diaria.

**Materiales:**
Reproducible 6B
crayones o marcadores
sobres tamaño carta

**Accesorios de Zona®:**
etiquetas engomadas de estrellas

## Traemos obsequios

Reproduzca el laberinto de estrella (**Reproducible 6B**) para cada estudiante. Sus estudiantes deberán seguir el laberinto para ayudar a la niña y al niño de la ilustración a llevar sus regalos hasta la iglesia.

**Diga:** Los sabios de oriente le llevaron obsequios a Jesús para adorarlo. Cuando traemos nuestra ofrenda a la iglesia, nosotros también estamos adorando a Jesús. Vamos a echar una ofrenda en este sobre para traerlo como obsequio la próxima vez.

Facilite a cada estudiante un sobre tamaño carta para que lo coloree con crayones o marcadores. Pueden añadir además las etiquetas de estrella.

**Materiales:**
ninguno

**Accesorios de Zona®:**
ninguno

## Buenas nuevas: acción

**Diga:** Fue una buena nueva cuando, por fin, los sabios encontraron a Jesús. Nosotros podemos decir la buena nueva de que Dios envió a Jesús para todos nuestros amigos y familiares. Cada vez que yo aplauda, repetiremos "Dios envió a Jesús para todos nosotros".

Repítanlo realizando acciones diferentes, por ejemplo, golpear el piso con los pies, saltar arriba y abajo, agitar sus manos en el aire.

**Materiales:**
ninguno

**Accesorios de Zona®:**
pelota inflable de estrella

## Adoración estupenda

Indique a sus estudiantes que se sienten en el área de historias y muéstreles la pelota inflable de estrella.

**Diga:** Jesús nos ama a cada uno de nosotros. Dios envió a Jesús para todos. Voy a tirar la pelota a cada uno de ustedes y me la devuelven enseguida.

Cada vez que le tire la pelota a un estudiante debe decir "Jesús ama a (nombre del niño o de la niña)".

**Oren:** Amado Dios, te damos gracias por amarnos a todos, gracias por Jesús. Ayúdanos a hablarle a otras personas sobre ti. Amén.

Haga una fotocopia de Zona Casera® para cada estudiante de su clase.

# Casera para padres

**Versículo bíblico**
"Vimos salir su estrella y hemos venido a adorarlo".
Mateo 2:2

**Historia bíblica**
Mateo 2:1-12

## Obsequios

Su niño o niña lleva a su casa un sobre de ofrenda especial que decoró en la clase hoy. Permita que ayude en las labores domésticas a cambio de unas monedas para que junte una ofrenda y la lleve a la iglesia dentro del sobre para la próxima semana.

La ofrenda es una forma a través de la cual podemos llevar obsequios a Jesús para adorarlo, tal como hicieron los sabios de Oriente.

También elaboró un obsequio de **Flor de estrella** para compartirlo con un familiar o amigo. Anímele para que lo regale a una persona anciana de su congregación.

Jesús nació en Belén durante el tiempo en que el rey Herodes gobernaba la región de Judea. Unos sabios se presentaron ante Herodes para preguntarle dónde estaba el rey de los judíos que había nacido, ya que habían visto salir su estrella y querían adorarlo.

Al escuchar esto, Herodes se preocupó porque temió que este niñito especial le quitara su poder, pues sabía que este bebé era el Mesías a quien Dios había prometido enviar.

Herodes les dijo a los sabios que fueran a Belén y encontraran al niño. Los sabios montaron sus camellos para seguir el camino que les indicaba la estrella. Finalmente la estrella se detuvo sobre el lugar donde se encontraba Jesús, entonces, se bajaron de sus camellos, entraron a la casa y se arrodillaron ante Jesús para adorarlo.

Los sabios de oriente le llevaron obsequios a Jesús: oro, incienso y mirra. Se trataban de regalos muy caros y especiales.

Su niño o niña posiblemente no comprenda la importancia de los obsequios que recibió Jesús, ya que algunos le son desconocidos. Es necesario que le explique que esos regalos eran una de las maneras en que los sabios de oriente adoraron a Jesús.

La aparición de la estrella que siguieron los sabios nos recuerda que Dios envió a Jesús para ayudar a las gentes de todo el mundo.

**Jesús es el Salvador enviado por Dios para todo el mundo.**

**Reproducible 6A**

Permiso de fotocopiado otorgado para el uso de la iglesia local. © 2008 Abingdon Press.

Zona Bíblica®

PRE-ESCOLAR: LECCIÓN 6 **Reproducible 6B**
Permiso de fotocopiado otorgado para el uso de la iglesia local. © 2008 Abingdon Press.

# Samuel unge a David

## Entra a la

### Versículo bíblico

"No se trata de lo que el hombre ve; pues el hombre se fija en la apariencia, pero yo me fijo en el corazón".

1 Samuel 16:7b

### Historia bíblica
1 Samuel 16:1-13

Saúl rey de Israel, no obedeció los mandatos de Dios ni le enseñaba a su pueblo a seguir su camino. Entonces Dios le habló a su profeta Samuel para que fuera a Belén, a la casa de un hombre llamado Jesé a escoger un nuevo rey, porque "Ya escogí como rey a uno de sus hijos" (1 Samuel 16:1), declaró Dios.

Al principio Samuel tenía miedo de ir porque si Saúl se enteraba se iba a enfurecer. Por lo cual, Dios le propuso que fuera a ofrecer sacrificio. Así que Samuel invitó a Jesé y sus hijos para que lo acompañaran, porque Dios le dijo: "Yo te mostraré el hijo que he escogido". Dios le pidió a Samuel que ungiera con aceite la cabeza del hijo que le indicaría.

Samuel hizo lo que Dios le había pedido. Cuando Jesé y sus hijos llegaron, Samuel vio al mayor, Eliab, que era alto y guapo, estaba seguro que se trataba del hijo que Dios había elegido, pero Dios le dijo que él no era. Dios le recordó a Samuel que las personas juzgan a otras personas por su apariencia, pero Dios se fija en el corazón.

Los hijos de Jesé se acercaron uno a uno para que Samuel los viera, Dios le dijo que ninguno de esos era el escogido para ser rey.

Samuel no sabía qué hacer, ya había visto a los hijos presentes de Jesé, pero Dios le había dicho que entre ellos no se encontraba el elegido. Entonces Samuel le preguntó a Jesé si tenía otro hijo; él le explicó que tenía otro hijo, el más joven, se llamaba David y estaba en el campo cuidando las ovejas de la familia.

Samuel mandó a llamar a David. Tan pronto como apareció, Dios le dijo a Samuel que David era el elegido. Enseguida Samuel vertió aceite sobre la cabeza de David, desde ese momento Dios permaneció con David, lo ungió y escogió como Rey.

Nosotros vivimos en una cultura donde se juzga a la gente por su apariencia. Esta historia nos hace reflexionar sobre la necesidad de observar otras características de las personas, no sólo las físicas. Lo cual puede ayudarnos en la manera en que nos relacionamos con nuestros estudiantes. Esta lección es una oportunidad para que todos entendamos que obedecer a Dios y amarnos los unos a los otros es más importante que la apariencia física.

# Dios nos ama tal cual somos.

## Vistazo a la

| ZONA | TIEMPO | MATERIALES | ACCESORIOS DE ZONA |
|---|---|---|---|
| **Acércate en la Zona** | | | |
| Muchos hermanos | 5 minutos | Reproducible 7A, página 170, cinta adhesiva, tijeras, crayones o marcadores, pegamento, palitos de artesanía | ninguno |
| Escogiendo un rey | 5 minutos | ninguno | corona de terciopelo |
| Creaciones aceitosas | 10 minutos | harina, sal, aceite, agua, tazón, taza de medir, cuchara larga, platos desechables | ninguno |
| **ZONA Bíblica** | | | |
| Tal cual somos | 5 minutos | ninguno | corona de terciopelo |
| Samuel unge a David | 5 minutos | títeres de los hermanos | ninguno |
| Zumbando el versículo | 5 minutos | Biblia y Abeja BZ | ninguno |
| Canta y adora | 5 minutos | tocadiscos de discos compactos | disco compacto |
| **Zona de Vida** | | | |
| Soy especial | 10 minutos | ver la página 89 | ninguno |
| Dios me ama | 5 minutos | Ver la página 89 | ninguno |
| Comparte el amor de Dios | 10 minutos | Página 171, papel de construcción, pegamento, vasos, palitos con punta de algodón, recuadros de papel de seda, cinta adhesiva, cámara de fotográfica instantáneas o digital, tijeras, | ninguno |
| Adoración estupenda | 5 minutos | plato de ofrendas | pelota inflable de estrella |

Los Accesorios de Zona® se encuentran en el **Paquete de DIVERinspiración®**.

PRE-ESCOLAR: LECCIÓN 7

# Acércate a la

Escoja una o más actividades para capturar el interés de sus estudiantes.

**Materiales:**
Reproducible 7A
página 170
cinta adhesiva
tijeras
crayones o marcadores
pegamento
palitos de artesanías

**Accesorios de Zona®:**
ninguno

## Muchos hermanos

Dé la bienvenida a cada estudiante. Si no conoce sus nombres, pida que usen la etiqueta con su nombre (**página 170**). Reproduzca la ilustración de los hijos de Jesé (**Reproducible 7A**) para cada estudiante; ayúdeles a recortar las figuras y permítales que las coloreen. Proporcione 8 palitos a cada estudiante, para que peguen una imagen en cada uno y sirvan de marionetas. Pídales que coloquen las marionetas frente a ellos y a un lado la de David (el hijo más joven).

**Diga: Jesé tenía muchos hijos, vamos a contarlos (cuenten juntos levantando un hermano a la vez). Dios eligió a uno de ellos para ser el nuevo rey de Israel, su nombre era David (levanten la marioneta de David).**

**Materiales:**
ninguno

**Accesorios de Zona®:**
corona de terciopelo

## Escogiendo un rey

Indique a sus estudiantes que se sienten formando un círculo.

Elija a uno de ellos para que sea Samuel, y déle la corona de terciopelo. Samuel caminará alrededor del círculo, mientras todos cuentan "1, 2, 3, 4, 5, 6, 7", en este momento Samuel deberá colocar la corona sobre la cabeza del niño que se encuentre más cercano a él. Repita el juego hasta que todos los niños tengan la oportunidad de ser coronados reyes. Si tiene poco alumnos, puede pedir a Samuel que dé dos vueltas al círculo. Nota al maestro/a: Incluya a las niñas en este juego explicando que aunque David y Samuel eran varones, Dios no distingue a las personas por género al dar sus bendiciones como al asignar responsabilidades. Dígales que hoy día las mujeres también pueden ser gobernantes.

**Diga: Dios le comunicó a Samuel que ya había escogido un nuevo rey, y se trataba de uno de los hijos de Jesé. Samuel vio a siete hijos de Jesé, pero ninguno de ellos era el elegido de Dios. Finalmente, Samuel reconoció a David, quien era el escogido de Dios para ser el nuevo rey.**

**Materiales:**
harina
sal
aceite
agua
tazón
taza de medir
cuchara larga
platos desechables

**Accesorios de Zona®:**
ninguno

## Creaciones aceitosas

En un tazón grande mezcle 3 tazas de harina y 1 taza de sal; añada 3 cucharadas de aceite y 1 taza de agua. Si la masa aún está rígida, puede añadir un poco más de agua.

Permita a sus estudiantes que disfruten amasando la mezcla y moldeando figuras fuera del recipiente.

**Diga: Cuando Dios le indicó a Samuel que David era su escogido, el profeta vertió aceite sobre la cabeza de David ungiéndolo. De esta manera mostró que David había sido escogido por Dios y que siempre estaría con él.**

ZONA BÍBLICA®

Escoja una o más actividades para sumergir a sus estudiantes en la historia bíblica.

# Tal cual somos

**Diga:** Dios le pidió a Samuel que buscara, entre los hijos de Jesé al nuevo rey que había escogido; Samuel obedeció. Dios nos creó diferentes, somos personas únicas y nos ama tal cual somos. Ahora vamos a jugar el juego "sígueme".

Al final del juego, elija a un o una estudiante para que se ponga la corona de terciopelo y dirija al resto de la clase hasta el área de historias.

**Materiales:**
ninguno

**Accesorios de Zona®:**
corona de terciopelo

**Dios nos ama tal cual somos.**
(Señálense y abrácense a sí mismos)
**Podemos ser altos.**
(Pónganse de pie o caminen de puntas)
**Podemos ser pequeños.**
(Pónganse en cuclillas)
**Dios nos ama tal cual somos.**
(Aplaudan dos veces)

**Dios nos ama tal cual somos.**
(Señálense y abrácense a sí mismos)
**Podemos tener pelo largo.**
(Finjan cepillarse el pelo)
**Podemos tener pelo corto.**
(Señalen con su mano el pelo)
**Dios nos ama tal cual somos.**
(Den dos pisotones)

**Dios nos ama tal cual somos.**
(Señálense y abrácense a sí mismos)
**Quizás nos gusta pintar.**
(Simulen pintar sobre un caballete)
**Quizás nos gusta cantar.**
(Canten "La, la, la")
**Dios nos ama tal cual somos.**
(Salten dos veces)

**Dios nos ama tal cual somos.**
(Señálense y abrácense a sí mismos)
**Quizás nos gusta bailar.**
(Bailen por todas partes)
**Quizás nos gusta leer.**
(Junten sus manos como un libro abierto)
**Dios nos ama tal cual somos.**
(Sacúdanse dos veces)

**Dios nos ama tal cual somos.**
(Señálense y abrácense a sí mismos)
**Podemos necesitar anteojos.**
(Ahuequen sus manos alrededor de sus ojos)
**Podemos necesitar audífonos**
(Señalen su oreja)
**Dios nos ama tal cual somos.**
(Giren en su lugar dos veces)

**Dios nos ama tal cual somos.**
(Señálense y abrácense a sí mismos)
**Podemos escuchar a Dios.**
(Ahuequen su mano sobre su oreja)
**Podemos seguir a Dios.**
(Marchen en su lugar)
**Dios nos ama tal cual somos.**
(Aplaudan dos veces)

# Historia de la  Bíblica

## Samuel unge a David

*Por Beth Parr*

> *Indique a sus estudiantes que se sienten formando un círculo. Pídales que traigan los títeres de los hermanos (Reproducible 7A).*
> **Diga: Cada vez que contemos a uno de los hermanos, ustedes deben alzar uno de los títeres.**

El rey de Israel era un hombre llamado Saúl, pero no obedecía a Dios ni ayudaba a su pueblo a seguir el camino de Dios.

Un día, Dios le dijo a su profeta Samuel, que se lamentaba de haber hecho rey a Saúl, así que buscaría un rey que obedeciera a Dios y ayudara a su pueblo a vivir de la forma en que Dios deseaba.

Dios le dijo a Samuel: "Quiero que vayas a Belén, a la casa de Jesé porque ya escogí como rey a uno de sus hijos. Ve, anúnciale a este muchacho que un día será rey".

Pero Samuel tenía miedo de que Saúl se enterara y se enojara, por lo que Dios le dijo que fuera a ofrecer un sacrificio e invitara a la Jesé a que le acompañara.

Samuel llegó a Belén e invitó a todos para que juntos alabaran a Dios, también invitó a Jesé y a sus hijos para que fueran.

Cuando Jesé llegó con sus hijos, Samuel trató de encontrar al que Dios había escogido.

(Diga "1". Sus estudiantes deben levantar una de las marionetas)
El hijo mayor de Jesé se presentó ante Samuel, era alto y guapo. ¿Podría ser el elegido?

"No, no", dijo Dios, "el hombre se fija en las apariencias, pero yo me fijo en el corazón".

(Diga "2". Sus estudiantes deben levantar un títere)
El siguiente hijo se presentó ante Samuel, pero no, no, él no era el elegido.

(Diga "3". Sus estudiantes deben levantar un títere)
El siguiente hijo se presentó ante Samuel, pero no, no, él no era el elegido.

(Diga "4". Sus estudiantes deben levantar un títere)
El siguiente hijo se presentó ante Samuel, pero no, no, él no era el elegido.

(Diga "5, 6, 7". Sus estudiantes deben levantar un títere a la vez)
Cada uno de los hijos restantes se presentaron ante Samuel, pero no, ninguno de estos era el elegido.

Entonces Samuel le preguntó a Jesé si tenía más hijos. Jesé le explicó: "Falta el más pequeño, su nombre es David y es el que cuida el rebaño"

Samuel le pidió a Jesé que mandara a traer a David. Cuando David llegó, Dios le indicó a Samuel que él era el escogido. Enseguida, Samuel vertió aceite sobre la cabeza de David ungiéndolo, porque un día David sería el rey de Israel y Dios estaría siempre con él.

Dios escogió a David, no porque fuera el más grande o el más fuerte. Dios lo escogió porque David amaba y seguía a Dios.

# En la ZONA con la Abeja BZ

## Zumbando el versículo

Escoja a un o una estudiante para que sujete la Biblia abierta en 1 Samuel 16:7b.

**Diga: Nuestra historia bíblica de hoy nos narra la ocasión en que Samuel buscaba al nuevo rey de Israel. Dios ya había elegido a David como el nuevo rey.**

Repita el versículo bíblico a sus estudiantes: "No se trata de lo que el hombre ve; pues el hombre se fija en las apariencias, pero yo me fijo en el corazón" (1Samuel 16:7,). Pídales que repitan el versículo después de usted.

De espaldas a la clase o escondiendo las manos debajo de una mesa, coloque en su mano el títere de la Abeja BZ (consulte la página 173). Dése la vuelta o saque las manos para mostrar el títere, finja la voz y simule que su títere habla:

**Bzzz. Bzzz. Bzzz, ¡hola a todos y a todas, yo soy la Abejita BZ!**

**Bzzz. Bzzz. Bzzz, Estoy volando de un lado a otro y puedo ver que tenemos nuevos amiguitos y amiguitas.**

Acérquese a cada estudiante y anímeles, sin forzarles, para que extiendan la mano con la palmas hacia arriba. Simule que la Abejita BZ se posa en la mano de cada estudiante y que dice frases como:

**Mmm. Mmm. Me gusta conocer nuevos amigos. Bzzz. Bzzz. Me encantaría que tú fueras mi amiga. Yum. Yum. ¿Podemos ser amigos?**

Después de que BZ se haya posado en todas las palmas, simule que dice:

**Bzzz. Bzzz. Bzzz. Disfruto mucho hacer nuevas amistades, es tan divertido.**

**Bzzz. Bzzz. Bzzz. Sólo hay algo que me gusta más que hacer nuevas amistades y es la Biblia.**

**Bzzz. Bzzz. Bzzz. ¿Escucharon, atentamente, la historia bíblica de hoy? ¿A quién le pidió Dios que buscara al nuevo rey?** (*Samuel*) **¿A quién escogió Dios para ser el nuevo rey?** (*David*).

**Bzzz. Bzzz. Bzzz. Dios escogió a David para ser el nuevo rey porque David amaba y seguía el camino de Dios, no por su apariencia. Dios nos ama tal cual somos.**

**Bzzz. Bzzz. Bzzz. Vamos a repetir este versículo bíblico juntos: "No se trata de lo que el hombre ve; pues el hombre se fija en las apariencias, pero yo me fijo en el corazón" (1 Samuel 16:7).**

Anime a la clase para que repitan el versículo bíblico con la Abeja BZ.

Haga que la Abeja BZ se despida de la clase. Después podrá guardar el títere.

 **Dios nos ama tal cual somos.**

Escoja una o más actividades para sumergir a sus estudiantes en la historia bíblica.

**Materiales:**
tocadiscos de discos compactos

**Accesorios de Zona®:**
disco compacto

# Canta y adora

Reproduzca el cántico "Aplaudid" (**disco compacto, pista 11**). Permita que sus estudiantes se diviertan escuchando y aplaudiendo al son de la música.

### Aplaudid

¡Aplaudid! ¡Aplaudid! Cántale y alaba en gozo.
¡Aplaudid! ¡Aplaudid! Cántale y alaba en gozo.
¡Aplaudid! ¡Aplaudid!

¡Bueno es Dios!
¡Le damos gloria!
¡Bueno es Dios!
¡Le damos gloria!

LETRA: Handt Hanson y Paul Murakami; trad. Julito Vargas
MÚSICA: Handt Hanson y Paul Murakami
© 1991; trad. © 2008 Changing Church Forum

### Qué bueno es Dios

Qué bueno es Dios.
Qué bueno es Dios.
Que bueno es Dios.
Me ama siempre a mí.

LETRA: Fuente desconocida; trad. Carmen Saraí Pérez
MÚSICA: Fuente desconocida
© 1988 Graded Press; trad. © 2007 Abingdon Press, admin. por The Copyright Co., Nashville, TN 37212

 de Vida

Escoja una o más actividades para que la Biblia cobre significado en la vida diaria.

# Soy especial

Corte pedazos de papel mural tan largas como la estatura de cada estudiante. Trace todo el cuerpecito de cada estudiante de manera que quede plasmada su silueta en el papel. Permítales que recorten sus siluetas, auxílieles en esta tarea. Tenga varios espejos para se puedan observar a sí mismos. También pueden dibujar sobre su silueta sus rasgos faciales o su ropa con rasgos generales, utilicen el hilo de tejer para simular el pelo. Coloque las figuras sobre las paredes del salón. Por último, peguen sobre la silueta una etiqueta engomada o mantelitos de papel en forma de corazón, representando su propio corazón.

**Diga: Hoy escuchamos el relato de cuando Dios eligió a David para que fuera el próximo rey de Israel. A Dios no le preocupaba que David fuera un jovencito porque conocía el corazón de David y sabía que amaba a Dios, lo que nos recuerda que Dios nos ama tal cual somos.**

**Materiales:**
papel mural
tijeras
marcadores o crayones
pegamento
hilo de tejer (estambre)
etiquetas engomadas o mantelitos de papel (dolies) con forma de corazón
espejos
opcional: tela

**Accesorios de Zona®:**
ninguno

# Dios me ama

Reproduzca las plantillas de corazón (**Reproducible 7B**) para cada estudiante (hay dos por página). Recorte y separe la parte central del corazón para formar la plantilla. Proporcione a cada estudiante un azulejo de cerámica (disponible en las tiendas de materiales de construcción). Ayúdeles a fijar la plantilla al mosaico. Vierta la pintura acrílica roja en el recipiente llano. Proporcione a cada estudiante una esponja para pintar (pueden sujetar la esponja con una pinza de madera para facilitar esta actividad). Deberán pasar la esponja con pintura sobre la plantilla para crear un corazón sobre el azulejo. Una vez que haya secado un poco, retiren la plantilla. Coloque toallas de papel dobladas sobre las otras bandejas y vierta un poco de pintura acrílica para crear cojincillos de sellos. Permita a sus estudiantes que entinten las yemas de sus dedos e impriman sus huellas formando personas alrededor de sus corazones para decorar su azulejo.

Con un marcador de tinta permanente escriba sobre cada azulejo el versículo bíblico "Yo me fijo en el corazón de la gente" (1Samuel 16:7) o "Dios me ama". Sus estudiantes pueden añadirles caras, brazos y piernas a sus personas de huella digital.

Para proteger la pintura de los azulejos, puede rociar sobre ellos (no en presencia de sus estudiantes) rociador de poliuretano.

**Materiales:**
Reproducible 7B
pintura acrílica roja
azulejos de cerámica
esponjas
pinzas de madera
recipientes llanos
marcadores de tinta permanente
pintura acrílica de diferentes colores
tijeras
cinta adhesiva
toallas de papel
utensilios de limpieza
opcional: rociador de poliuretano

**Accesorios de Zona®:**
ninguno

PRE-ESCOLAR: LECCIÓN 7

# de Vida

Escoja una o más actividades para que la Biblia cobre significado en la vida diaria.

**Materiales:**
página 171
papel mural
pegamento
tazas
palitos con punta de algodón
cuadros de papel de seda
cámara de fotografías instantáneas o digital
tijeras
cinta adhesiva

**Accesorios de Zona®:**
ninguno

## Comparte el amor de Dios

Antes de iniciar su clase, reproduzca el corazón con el letrero "Dios nos ama tal cual somos" (**página 171**). Apártelo por un momento.

Recorte un corazón grande en una hoja grande de papel. Recorte también recuadros pequeños de papel de seda. Vierta un poco de pegamento en las tazas y proporcione a sus estudiantes algunos palitos con punta de algodón para aplicar el pegamento. Muéstreles cómo arrugar el papel de seda para formar bolitas. Péguenlos en el corazón. Permita que todos trabajen en equipo para cubrir el corazón con las bolitas de papel.

Tome una fotografía de cada estudiante con la cámara de fotografías instantáneas o digital. Recorte las caritas en las fotografías formando una figura de corazón y deje que cada estudiante pegue su fotografía en el corazón grande. Añada al centro del corazón grande el corazón con el letrero "Dios nos ama tal cual somos".

Cuelgue el corazón fuera de su salón para proclamar el amor de Dios.

**Diga: Dios nos ama, podemos hablar a nuestros familiares y amigos sobre el amor de Dios.**

**Materiales:**
plato de ofrendas

**Accesorios de Zona®:**
pelota inflable de estrella

## Adoración estupenda

Indique a la clase que se sienten en el Área de historias y muéstreles la pelota inflable de estrella.

**Diga: Dios nos creó a cada uno de nosotros y por eso somos especiales para Dios. Voy a arrojar la pelota a cada uno de ustedes y me la van a devolver enseguida.**

Cada vez que le tire la pelota a un o una estudiante debe decir "Dios ama a (nombre de un niño o una niña)".

Entonen el cántico "Que bueno es Dios" (pista 16 en el disco compacto de "En el desierto"). Ver la letra en la página 88.

Si algunos de sus estudiantes trajeron hoy su ofrenda, permita que la depositen en el plato de ofrendas.

**Oren: Amado Dios, gracias por amarnos tal cual somos. Ayúdanos a mostrar tu amor a otras personas. Amén.**

Haga una fotocopia de Zona Casera® para cada estudiante de su clase.

# Casera para padres

## Versículo bíblico
No se trata de lo que el hombre ve, pues el hombre se fija en las apariencias, pero yo me fijo en el corazón.
1 Samuel 16:7b

## Historia bíblica
1 Samuel 16:1-13

Saúl el rey de Israel no obedecía los mandatos de Dios ni le enseñaba a su pueblo a seguir su camino. Es por esto que Dios habló con su profeta Samuel para que fuera a Belén, a la casa de un hombre llamado Jesé, porque "Ya escogí como rey a uno de sus hijos" (1 Samuel 16:1), declaró Dios.

Samuel invitó a Jesé y sus hijos para ir juntos a adorar a Dios. Uno por uno, los siete hijos de Jesé se presentaron ante Samuel y cada ocasión Dios dijo que ese no era el escogido para ser el rey.

Samuel no sabía qué hacer, ya había conocido a los hijos presentes de Jesé, pero Dios le dijo que entre ellos no estaba el elegido. Entonces Samuel le preguntó a Jesé si tenía otro hijo; el le contestó que tenía otro hijo, el más joven, se llamaba David y estaba en el campo cuidando las ovejas de la familia.

Samuel mandó a llamar a David, tan pronto como apareció, Dios le señaló a Samuel que él era el indicado. Enseguida Samuel ungió con aceite la cabeza de David, desde ese momento Dios permaneció con David y lo escogió como rey.

Esta historia nos hace reflexionar sobre la necesidad de observar más profundamente a las personas, no sólo su aspecto físico. Obedecer a Dios y amar a las personas es más importante que la apariencia física.

## Mis pizzas maravillosas

Usted necesitará: bisquets o pan blanco, queso mozzarella, peperoni y salsa para pizza.

En compañía de su hijo o hija hagan pizzas con caritas sobre los panes, utilizando el peperoni o la salsa para formar los ojos y la nariz; con el queso mozzarella rallado puede simular el pelo y la boca.

Tueste las pizzas en la parrilla hasta que el queso se derrita y ¡disfrútelos!

Recuérdele que Dios le creó, muéstrele su amor. Dios nos ama tal cual somos.

**Dios nos ama tal cual somos.**

Permiso de fotocopiado otorgado para el uso de la iglesia local. © 2008 Abingdon Press.

PRE-ESCOLAR: LECCIÓN 7

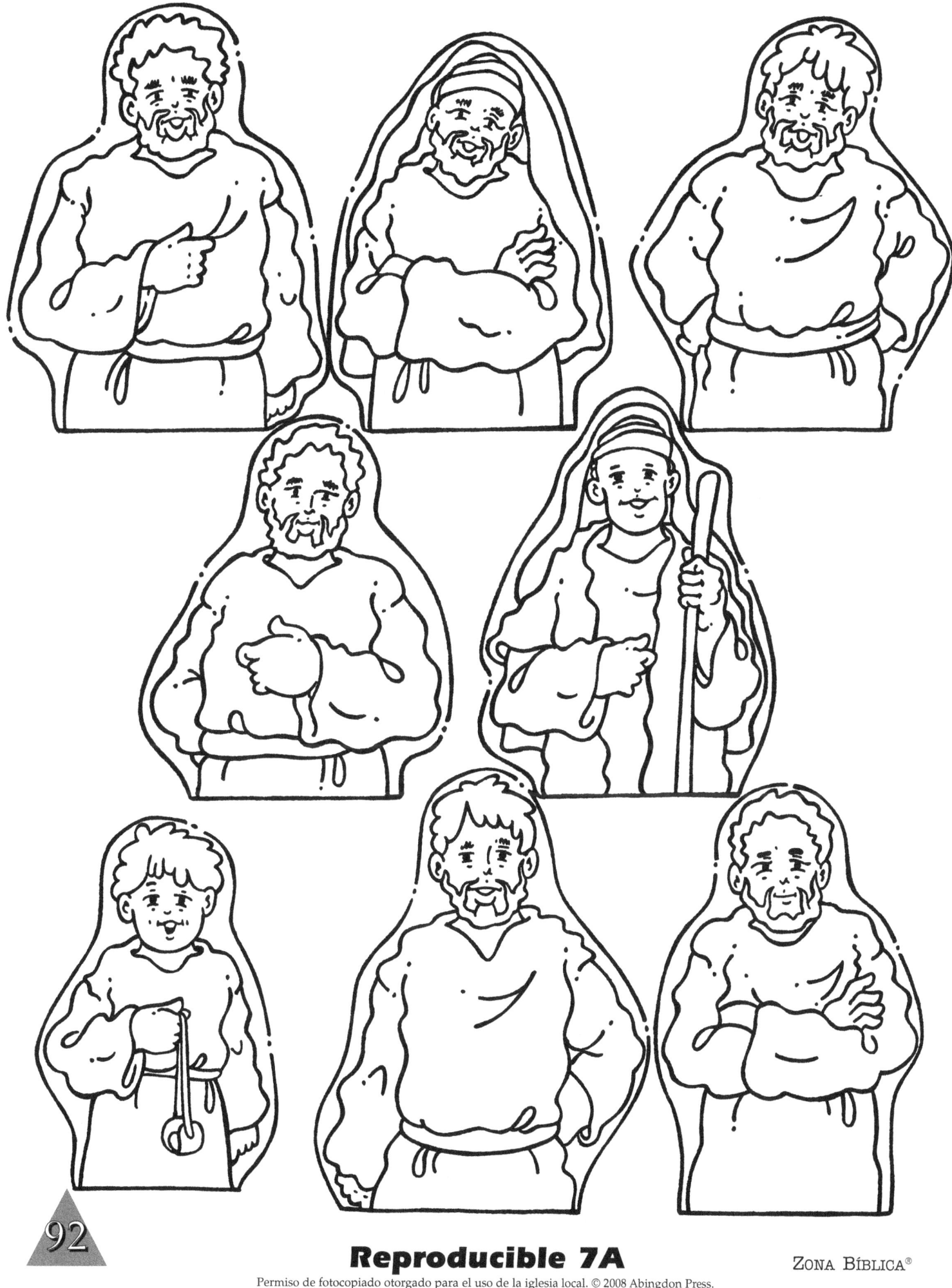

Pre-escolar: Lección 7  **Reproducible 7B**
Permiso de fotocopiado otorgado para el uso de la iglesia local. © 2008 Abingdon Press.

# David el músico

## Entra a la

**Versículo bíblico**
¡Alábenlo [a Dios] con toque de trompeta!
¡Alábenlo con arpa y salterio!

Salmo 150:3

**Historia bíblica**
1 Samuel 16:14-23

El rey Saúl no había seguido los mandatos que Dios le había dado, y ahora se sentía separado de Dios. Había veces que una profunda depresión se apoderaba de él. Algunos de los hombres que trabajaban con él le recomendaron escuchar música que lo tranquilizara y lo hiciera sentirse mejor, por lo que fueron a buscar a alguien que tocara bien el arpa.

A Saúl le pareció una buena idea. Uno de esos servidores le dijo que en Belén había un hombre llamado Jesé, y que su hijo más joven, David, sabía tocar muy bien el arpa; además también era un guerrero valiente que contaba con la ayuda de Dios.

Saúl envió un mensaje a Jesé para que le permitiera a David presentarse ante él. En ese momento, Saúl no sabía que David era el elegido por Dios para ser el próximo rey de Israel.

Jesé le envió a Saúl a su hijo David. Saúl disfrutaba mucho de la música que tocaba David y le estimaba mucho. Como David era muy trabajador, Saúl lo nombró su ayudante. Saúl estaba tan a gusto con David, que le envió un mensaje a su padre, para pedirle que dejara a David a sus servicio.

Siempre que Saúl caía en la depresión, mandaba a llamar a David. Entonces David tocaba su arpa y Saúl comenzaba a sentirse mejor, le gustaba escuchar la música que David tocaba.

La música siempre ha sido una parte esencial de nuestra adoración a Dios. Cuando David estaba en el campo cuidando a las ovejas de su padre, componía y cantaba alabanzas a Dios. La música también es muy importante en la vida de sus pequeñines, por ello es muy natural que a sus estudiantes les guste cantar alabanzas a Dios.

Al compartir esta historia sus estudiantes, no enfatice en el "espíritu maligno" que atacaba al rey Saúl; debemos concentrarnos en el poder curativo de la música. Disfrute explorar diferentes tipos de instrumentos musicales con sus estudiantes y dé muchas oportunidades para que participen en clase.

# Dios quiere que lidiemos con nuestros sentimientos en maneras positivas.

## Vistazo a la

| ZONA | TIEMPO | MATERIALES | ACCESORIOS DE ZONA® |
|---|---|---|---|
| **Acércate en la Zona** | | | |
| Música misteriosa | 5 minutos | Reproducible 8A, crayones o marcadores | ninguno |
| Narra la historia de David | 10 minutos | Transparencia 3, proyector, papel mural o sábana, cinta adhesiva, marcadores, papel de periódico o plástico | corona de terciopelo |
| Compositor de alabanzas | 10 minutos | vasos plásticos, etiquetas engomadas, cinta adhesiva de colores, gravilla de acuario o arena para gatos, tocadiscos de discos compactos, cuchara | disco compacto |
| **ZONA Bíblica®** | | | |
| Tal cual somos | 5 minutos | ninguno | corona de terciopelo |
| David el músico | 5 minutos | ninguno | ninguno |
| Zumbando el versículo | 5 minutos | Biblia y Abeja BZ | ninguno |
| Canta y adora | 5 minutos | tocadiscos de discos compactos, cascabeles | disco compacto |
| **Zona de Vida** | | | |
| Alegres trompetas y arpas | 10 minutos | ver página 101 | disco compacto |
| Canta y alaba | 5 minutos | ninguno | ninguno |
| Muchos sentimientos | 10 minutos | Reproducible 8B, crayones o marcadores, bolsas de plástico resellables, tijeras | ninguno |
| Adoración estupenda | 5 minutos | ninguno | pelota inflable de estrella |

Los Accesorios de Zona® se encuentran en el **Paquete de DIVERinspiración®**.

PRE-ESCOLAR: LECCIÓN 8

# Acércate a la

Escoja una o más actividades para capturar el interés de sus estudiantes.

**Materiales:**
Reproducible 8A
crayones o marcadores

**Accesorios de Zona®:**
ninguno

## Música misteriosa

Reproduzca, para cada estudiante, la ilustración de David y Saúl (**Reproducible 8A**). Sus estudiantes deberán encontrar las arpas y trompetas escondidas en la ilustración. Una vez que terminen pueden colorear la ilustración.

**Diga: Cuando el rey Saúl se sentía mal, le gustaba escuchar música hermosa. David tocaba su arpa para ayudar al rey Saúl a sentirse mejor.**

**Materiales:**
Transparencia 3
proyector
marcadores
papel mural o sábana
cinta adhesiva
papel de periódico o plástico

**Accesorios de Zona®:**
corona de terciopelo

## Narra la historia de David

Utilice el proyector para agrandar el laberinto de la **Transparencia 3** y trácelo sobre el papel mural o sobre una sábana, con el propósito de que sus estudiantes puedan seguir el laberinto. También pueden colorear las ilustraciones del laberinto con los marcadores. Es recomendable que coloque papel de periódico o un trozo de plástico bajo la hoja grande de papel o la sábana para proteger el piso. Fije el laberinto al piso con cinta adhesiva. Lleve puesta la corona para dirigir a sus estudiantes por el laberinto.

**Diga: Ya conocemos la historia de cómo Dios escogió a David para ser el rey. En las próximas semanas escucharemos más sobre David y su familia. Por ahora caminaremos por nuestro laberinto y ustedes podrán contarnos algunas historias que recuerden.**

Caminen por el laberinto y cuando lleguen a la ilustración de David y sus hermanos, permita que sus estudiantes narren la historia de la última sesión.

**Materiales:**
vasos plásticos
cinta adhesiva de colores (duct tape)
gravilla de acuario o arena para gatos
etiquetas engomadas
tocadiscos de discos compactos
cuchara

**Accesorios de Zona®:**
disco compacto

## Compositor de alabanzas

Proporcione a cada estudiante dos vasos desechables resistentes. Deje que sus estudiantes vacíen dos o tres cucharadas de gravilla de acuario o arena para gatos dentro de uno de los vasos. Coloquen el otro vaso en contraposición para que coincidan los bordes. Permita que le ayuden a fijarlos con la cinta adhesiva de color (duct tape) alrededor de los bordes de los vasos para quedar unidos. Sus estudiantes pueden utilizar etiquetas engomadas decorarlo.

**Diga: Cuando el rey Saúl se sentía mal, le gustaba escuchar la música que tocaba David. Ahora escuchemos nosotros la música y toquemos con nuestras sonajas.**

Toque la música del disco compacto mientras sus estudiantes agitan sus sonajas.

Escoja una o más actividades para sumergir a sus estudiantes en la historia bíblica.

# Tal cual somos

**Diga:** Cuando el rey Saúl se sentía mal, David tocaba música para él. La música ayudaba al rey Saúl a sentirse mejor. Dios nos creó a cada uno de manera especial y siempre estará con nosotros sin importar si estamos alegres, tristes o enojados, porque Dios nos ama tal cual somos. Ahora vamos a jugar el juego de "sígueme".

Al final del juego, elija a un o a una estudiante para que se ponga la corona de terciopelo y dirija al resto de la clase hasta el área de historias.

**Materiales:**
ninguno

**Accesorios de Zona®:**
corona de terciopelo

**Dios nos ama tal cual somos.**
(Señálense y abrácense a sí mismos)
**Podemos ser altos.**
(Pónganse de pie o caminen de puntas)
**Podemos ser pequeños.**
(Pónganse en cuclillas)
**Dios nos ama tal cual somos.**
(Aplaudan dos veces)

**Dios nos ama tal cual somos.**
(Señálense y abrácense a sí mismos)
**Podemos tener pelo largo.**
(Finjan cepillarse el pelo)
**Podemos tener pelo corto.**
(Señalen con su mano el pelo)
**Dios nos ama tal cual somos.**
(Den dos pisotones)

**Dios nos ama tal cual somos.**
(Señálense y abrácense a sí mismos)
**Quizás nos gusta pintar.**
(Simulen pintar sobre un caballete)
**Quizás nos gusta cantar.**
(Canten "La, la, la")
**Dios nos ama tal cual somos.**
(Salten dos veces)

**Dios nos ama tal cual somos.**
(Señálense y abrácense a sí mismos)
**Quizás nos gustar bailar.**
(Bailen por todas partes)
**Quizás nos gusta leer.**
(Junten sus manos como un libro abierto)
**Dios nos ama tal cual somos.**
(Sacúdanse dos veces)

**Dios nos ama tal cual somos.**
(Señálense y abrácense a sí mismos)
**Podemos usar anteojos.**
(Ahuequen sus manos alrededor de sus ojos)
**Podemos necesitar audífonos.**
(Señalen su oreja)
**Dios nos ama tal cual somos.**
(Giren en su lugar dos veces)

**Dios nos ama tal cual somos.**
(Señálense y abrácense a sí mismos)
**Podemos escuchar a Dios.**
(Ahuequen su mano sobre su oreja)
**Podemos seguir a Dios.**
(Marchen en su lugar)
**Dios nos ama tal cual somos.**
(Aplaudan dos veces)

# Historia de la Zona Bíblica

## David el músico

*Por Beth Parr*

*Indique a sus estudiantes que se sienten formando un círculo. Enséñeles el estribillo que se encuentra abajo remarcado con la tonada de "Are you sleeping?" ("Martinillo"). Cada vez que llegue a la respuesta siga cantando la primera línea e indíqueles que deben repetirlo.*

Estoy triste
Estoy triste
Soy Saúl, soy Saúl.
Toca para mí.
Toca para mí.
Soy feliz.
Soy feliz.

En algunas ocasiones el rey Saúl se sentía muy mal. Tenía su ceño fruncido y no era amable con las personas que le rodeaban.

Un día, uno de sus servidores le recomendó al rey Saúl: "Si usted escucha un poco de música se va a sentir mejor. ¿Desea que vayamos a buscar a alguien que toque el arpa para usted? Eso lo calmará".

"Estoy de acuerdo", dijo el rey Saúl, "Vayan y busquen alguien que toque en el arpa música hermosa y traigan a esa persona".

Estoy triste.
Estoy triste.
Soy Saúl, soy Saúl.
Toca para mí.
Toca para mí.
Soy feliz.
Soy feliz.

Uno de los ayudantes del rey Saúl le dijo: "Hay un nombre llamado Jesé, que vive en Belén. Tiene un hijo joven que toca el arpa perfectamente; además es valeroso y cuenta con la ayuda de Dios".

Entonces el rey Saúl envió un mensaje a Jesé, pidiéndole que dejara venir a David al palacio. Como David se encontraba cuidando las ovejas de la familia, su padre le ayudó a cargar en un burro comida y la bebida para el rey.

David fue ante el rey Saúl y se quedó a su servicio. Cada vez que el rey Saúl se sentía triste, enojado o infeliz, mandaba llamar a David para que tocara música hermosa en su arpa.

La música que tocaba David hacía que Saúl se sintiera mucho mejor, entonces podía sonreír nuevamente, por lo tanto, el rey Saúl deseó que David se quedara con él y tocara música hermosa para él.

Estoy triste.
Estoy triste.
Soy Saúl, soy Saúl.
Toca para mí.
Toca para mí.
Soy feliz.
Soy feliz.

David alababa a Dios con su música y ayudaba al rey Saúl a sentirse mejor.

# En la ZONA con la Abeja BZ

## Zumbando el versículo

Escoja a un o una estudiante para que sujete la Biblia abierta en el Salmo 150:3.

**Diga: La historia bíblica de hoy nos narra que, cada vez que el rey Saúl se sentía triste, llamaba a David para que tocara música para él. Esto hacía que Saúl se sintiera mejor. La música le mejoraba.**

Repita a sus estudiantes el versículo bíblico: ¡Alábenlo [a Dios] con toque de trompeta! ¡Alábenlo con arpa y salterio! (Salmo 150:3). Pídales que repitan el versículo.

De espaldas a la clase o escondiendo las manos debajo de una mesa, coloque en su mano el títere de la Abeja BZ (consulte la página 173). Dé la vuelta o saque las manos para mostrar el títere a la clase, finja la voz y simule que su títere habla:

**Bzzz. Bzzz. Bzzz, ¡hola a todos y a todas, soy la Abejita BZ!**

**Bzzz. Bzzz. Bzzz, estoy volando de un lado a otro y puedo ver que tenemos nuevos amiguitos y amiguitas.**

Acérquese a cada estudiante y anímeles, sin forzarles, para que extiendan sus manos con las palmas hacia arriba. Simule que la Abejita BZ va a posarse en la palma de cada estudiante y que dice frases como:

**Mmm. Mmm. Me gusta conocer nuevos amigos. Bzzz. Bzzz. Me encantaría que tú fueras mi amiga. Yum. Yum. ¿Podemos ser amigos?**

Después de que BZ se haya posado en las palmas de cada estudiante, simule que dice:

**Bzzz. Bzzz. Bzzz. Disfruto mucho hacer nuevas amistades, es tan divertido.**

**Bzzz. Bzzz. Bzzz. Sólo hay algo que me gusta más y es la Biblia.**

**Bzzz. Bzzz. Bzzz. ¿Escucharon, atentamente, la historia bíblica de hoy? ¿Quién era el rey que sentía triste?** (*Saúl*) **¿Quién ayudó al rey Saúl a sentirse mejor?** (*David*) **¿Qué hacía David?** (*Tocaba bella música*).

**Bzzz. Bzzz. Bzzz. Dios ayudó al rey Saúl a sentirse mejor, tocando música para él. Cuando nosotros nos sentimos tristes, podemos buscar maneras para sentirnos mejor, como escuchar música o jugar con nuestros amigos.**

**Bzzz. Bzzz. Bzzz. Vamos a repetir este versículo bíblico juntos: "¡Alábenlo [a Dios] con toque de trompeta! ¡Alábenlo con arpa y salterio!" (Salmo 150:3).**

Anime a sus estudiantes para que repitan el versículo bíblico con la Abejita BZ.

Haga que la Abeja BZ se despida de la clase. Puede guardar el títere.

**Dios quiere que lidiemos con nuestros sentimientos en maneras positivas.**

PRE-ESCOLAR: LECCIÓN 8

Escoja una o más actividades para sumergir a sus estudiantes en la historia bíblica.

**Materiales:**
tocadiscos de discos compactos
sonajas hechas anteriormente

**Accesorios de Zona®:**
disco compacto

# Canta y adora

Toque el cántico "Aplaudid" (**disco compacto, pista 11**). Permita que sus estudiantes se diviertan escuchando y aplaudiendo con el cántico.

### Aplaudid

¡Aplaudid! ¡Aplaudid! Cántale y alaba en gozo.
¡Aplaudid! ¡Aplaudid! Cántale y alaba en gozo.
¡Aplaudid! ¡Aplaudid!

¡Bueno es Dios!
¡Le damos gloria!
¡Bueno es Dios!
¡Le damos gloria!

LETRA: Handt Hanson y Paul Murakami; trad. Julito Vargas
MÚSICA: Handt Hanson y Paul Murakami
© 1991; trad. © 2008 Changing Church Forum

 **de Vida**

Escoja una o más actividades para que la Biblia cobre significado en la vida diaria.

# Alegres trompetas y arpas

Sus estudiantes harán algunos instrumentos musicales. Toque música del disco compacto mientras trabajan.

**Para las trompetas:** Corte la base de una botella de plástico (12 a 16 onzas). Coloque cinta de aislar alrededor de los bordes para evitar que queden afilados. Sus estudiantes pueden adornar el cuerpo de las botellas con etiquetas engomadas; añadan las serpentinas o cintas en el borde de la botella.

**Para las arpas:** Proporcione a cada estudiante un plato de hule espuma limpio. Sus estudiantes pueden colorear los platos con los marcadores. Deje que elijan cinco o seis liguillas de diferentes tamaños. Deberán estirarlas alrededor del plato para que suenen sus arpas, dependiendo del grueso de la liga que estiren será el sonido que emitan.

**Diga:** Hoy escuchamos la historia cuando David tocaba música para el rey Saúl Nosotros podemos alabar a Dios por medio de la música. Disfrutemos tocando nuestros instrumentos musicales mientras marchamos alrededor del salón.

**Materiales:**
botellas de refresco de plástico
tijeras
cinta adhesiva de color o cinta de aislar
etiquetas engomadas
serpentinas de papel crepé o cintas
pegamento o cinta adhesiva
platos de hule espuma
marcadores
liguillas de diferentes tamaños
tocadiscos de discos compactos

**Accesorios de Zona®:**
disco compacto

# Cantemos y adoremos

Entonen la canción "Si estás triste y lo sabes", añadiendo las siguientes estrofas:

Si estás triste y lo sabes, llora buu.
Si te enojas y lo sabes, cuenta hasta tres.

**Diga: A veces nos sentimos contentos, otras veces nos sentimos tristes y hay días en que estamos enojados. Es normal tener diferentes sentimientos, así nos creó Dios, pero es importante que cuando nos sintamos tristes o enojados, expresemos esos sentimientos en maneras positivas. Cuando el rey Saúl se sentía triste, la música lo ayudaba a sentirse mejor.**

Pregunte a sus estudiantes qué les ayuda a sentirse mejor cuando se sienten tristes o enojados. Tal vez mencionen que los abracen sus padres o tal vez los muñecos de peluches les ayudan a sentirse mejor. Recuérdeles que Dios quiere que nosotros encontremos maneras positivas para sentirnos mejor, y que Dios siempre está con nosotros.

**Materiales:**
ninguno

**Accesorios de Zona®:**
ninguno

PRE-ESCOLAR: LECCIÓN 8

# Zona de Vida

Escoja una o más actividades para que la Biblia cobre significado en la vida diaria.

**Materiales:**
Reproducible 8B
crayones o marcadores
tijeras
bolsas resellables de plástico

**Accesorios de Zona®:**
ninguno

## Muchos sentimientos

Reproduzca las tarjetas de sentimientos (**Reproducible 8B**) para cada estudiante. Sus estudiantes deben colorear las ilustraciones. Ayúdeles a recortar las tarjetas. Indíqueles que se sienten formando un círculo y que coloquen frente a ellos sus tarjetas para que puedan observarlas.

**Diga: Nosotros tenemos muchas clases de sentimientos y Dios está siempre con nosotros, sin importar nuestro estado de ánimo. Vamos a jugar con nuestras tarjetas. Ustedes deben seleccionar la tarjeta que muestre el sentimiento del niño o la niña que yo les mencione.**

Sus estudiantes deben seleccionar y levantar la tarjeta del sentimiento que usted mencione (feliz, triste, confundido, enojado, sorprendido, loco). Por ejemplo, seleccione la tarjeta del niño que está triste.

**Diga: Dios siempre está con nosotros, incluso si nos sentimos tristes.**

Repita la actividad para cada una de las tarjetas de los sentimientos. Al finalizar, proporcione a cada estudiante una bolsa de plástico hermética o de emparedado para guardar sus tarjetas y llevarlas a casa.

**Materiales:**
ninguno

**Accesorios de Zona®:**
Pelota inflable de estrella

## Adoración estupenda

Indique a sus estudiantes que se sienten en el área de historias y muéstreles la pelota inflable de estrella.

**Diga: Dios nos ama todo el tiempo, nos ama cuando estamos tristes y cuando estamos contentos. Dios nos ama cuando estamos enojados y cuando somos amistosos. Voy a tirar la pelota a cada uno de ustedes y me la van a devolver enseguida.**

Cada vez que tire la pelota debe decir "**Dios ama a** (nombre del niño o de la niña)".

Entonen el cántico "Que bueno es Dios" (pista 16 en el disco compacto de "En el desierto").

**Qué bueno es Dios**

Qué bueno es Dios.
Qué bueno es Dios.
Que bueno es Dios.
Me ama siempre a mí.

LETRA: Fuente desconocida; trad. por Carmen Saraí Pérez
MÚSICA: Fuente desconocida
© 1988 Graded Press; trad. © 2007 Abingdon Press, admin. por The Copyright Co., Nashville, TN 37212

**Oren: Amado Dios, gracias por amarnos tal cual somos. Ayúdanos a ser amables y cariñosos con todas las personas. Amén.**

Haga una fotocopia de Zona Casera® para cada estudiante de su clase.

# Casera para padres

**Versículo bíblico**
¡Alábenlo [a Dios] con toque de trompeta! ¡Alábenlo, con arpa y salterio!
Salmo 150:3

**Historia bíblica**
1 Samuel 16:14-23

El rey Saúl no había cumplido con los mandatos de Dios, por lo que ahora se sentía separado de Dios. Había veces que se sentía triste o muy enojado

Algunos de sus servidores le recomendaron escuchar música que lo tranquilizara y lo hiciera sentirse mejor, por lo que fueron a buscar a alguien que tocara bien el arpa. El rey Saúl estuvo de acuerdo.

Uno de los servidores del rey Saúl le dijo que en Belén había un hombre llamado Jesé, cuyo hijo más joven, David, sabía tocar el arpa perfectamente. Entonces Jesé envió a David con Saúl, también cargó un burro con comida y bebida para el rey. El rey Saúl disfrutaba mucho tener a David a su servicio. David era muy trabajador.

Siempre que Saúl se sentía triste o enojado, mandaba llamar a David. Entonces David tocaba su arpa y Saúl comenzaba a sentirse mejor, le gustaba mucho escuchar la música que David tocaba.

La música siempre ha sido una parte esencial de nuestra adoración a Dios. La música también es muy importante en la vida de la niñez, por ello es muy natural para los niños y las niñas cantar alabanzas a Dios.

A menudo, los pequeñines tienen dificultades para expresar sus sentimientos de una manera positiva. Recuérdele a su hijo o hija que Dios siempre les ama, independientemente de la forma en que se sientan.

## Celebren con música

Disfruten el tiempo con su hijo o hija tocando alguno de los instrumentos musicales que hizo hoy.

Utilice masa de galletas y dibujen en ellas caras de diferentes sentimientos. Permita que su hijo o hija le ayude a decorarlas con caras felices, tristes, locas, sorprendidas o atemorizadas.

Si tiene la oportunidad, llévele a un concierto infantil donde puedan escuchar el sonido de diferentes instrumentos musicales. También puede buscar una grabación para pequeñines donde se escuchen los sonidos de varios instrumentos.

**Oren:** Amado Dios, gracias por amarnos siempre, ayudamos a amar a otras personas. Amén.

**Dios quiere que lidiemos con nuestros sentimientos en maneras positivas.**

Permiso de fotocopiado otorgado para el uso de la iglesia local. © 2008 Abingdon Press.

PRE-ESCOLAR: LECCIÓN 8

**Reproducible 8A**

Pre-escolar: Lección 8  **Reproducible 8B**
Permiso de fotocopiado otorgado para el uso de la iglesia local. © 2008 Abingdon Press.

# David y Goliat

## Entra a la

**Versículo bíblico**
Confío en Dios …y no tengo miedo.
Salmo 56:4a

**Historia bíblica**
1 Samuel 17

Las Escrituras nos narra la ocasión en que el rey Saúl y el ejército de Israel se preparaban para pelear contra los filisteos, salió a su encuentro un soldado llamado Goliat, quien era muy alto y fuerte.

Todos los día Goliat retaba al ejército de Israel, diciéndoles que él era el mejor soldado y los desafiaba a que enviaran a uno de ellos para pelear contra él. Los hombres del ejército israelita le tenían mucho miedo a Goliat.

Los tres hermanos mayores de David eran parte del ejército israelita. Mientras tanto, David cuidaba de las ovejas de la familia. Un día el padre de los hermanos, Jesé, envió a David al campamento del ejército para llevarles comida e investigar cómo estaban sus hijos mayores.

David fue a llevar los alimentos, como su padre le había encomendado, llegó precisamente cuando los ejércitos israelita y filisteo se alistaban para la batalla. David fue corriendo hasta la fila donde se encontraban sus hermanos. En ese momento, Goliat comenzó a desafiar a los israelitas y a jactarse de su fuerza.

David les preguntó, a los soldados que estaban a su lado, cuál sería la recompensa para aquel que matara a Goliat; ellos le dijeron que el rey le daría a su hija por esposa y mucho dinero. En tanto, a los hermanos de David no les gustó que el joven estuviera hablando con los soldados, pero David continuaba conversando con ellos.

David se presentó ante Saúl y se ofreció para luchar contra Goliat, pero Saúl le dijo que él no podría ganarle a Goliat. David le aseguró que si podía cuidar a las ovejas de su padre, también podría luchar contra ese hombre.

Finalmente Saúl aceptó que David peleara, le dio su armadura, su casco y su espada, pero cuando David intentó caminar con la armadura, apenas podía moverse; así que se quitó la armadura, fue hasta un arroyo cercano de donde recogió cinco piedras lisas.

David salió a luchar contra Goliat con las piedras y su honda. Él podía derrotar a Goliat porque confiaba en que Dios lo guiaba.

Algunas escenas de esta historia pueden ser aterradoras para sus pequeñines. Sin embargo, disfrutarán el hecho de que un joven haya sido capaz de derrotar a un gigante. Nuestro énfasis debe estar en que David confiaba en que Dios estaba con él.

# Con la ayuda de Dios podemos hacer grandes cosas.

## Vistazo a la

| ZONA | TIEMPO | MATERIALES | ⊙ ACCESORIOS DE ZONA® |
|---|---|---|---|
| **Acércate en la Zona** | | | |
| Chicos y grandes | 10 minutos | Reproducible 9A, botellas de plástico de refresco de 2 litros y 16 onzas, marcadores o crayones, pegamento o cinta adhesiva, tijeras | ninguno |
| Narra la historia de David | 5 minutos | Transparencia 3, papel mural o sábana, marcadores, cinta adhesiva, papel de periódico o plástico | corona de terciopelo |
| Relevo de piedras | 5 minutos | papel de periódico, cinta adhesiva gruesa, tela azul o papel para tablones, bolsas de papel chicas | ninguno |
| **ZONA Bíblica®** | | | |
| Tal cual somos | 5 minutos | ninguno | corona de terciopelo |
| David y Goliat | 5 minutos | ninguno | ninguno |
| Zumbando el versículo | 5 minutos | Biblia y Abejita BZ | ninguno |
| Canta y adora | 5 minutos | tocadiscos de discos compactos, cascabeles | disco compacto |
| **Zona de Vida** | | | |
| Piedras de confianza | 5 minutos | Reproducible 9B (parte superior), pegamento, vasos chicos, piedras, palitos con punta de algodón o pinceles, papel de seda, agua | ninguno |
| Confía siempre | 5 minutos | ninguno | ninguno |
| Sombreros confiables | 10 minutos | Reproducible 9B (parte inferior), marcadores, perforadora, pegamento, hilo de tejer, tazones desechable | ninguno |
| Adoración estupenda | 5 minutes | ninguno | pelota inflable de estrella |

⊙ Los Accesorios de Zona® se encuentran en el **Paquete de DIVERinspiración®**.

# Acércate a la

Escoja una o más actividades para capturar el interés de sus estudiantes.

**Materiales:**
Reproducible 9A
botellas de plástico de 2 litros y de 16 onzas
marcadores o crayones
pegamento o cinta adhesiva
tijeras

**Accesorios de Zona®:**
ninguno

## Chicos y grandes

**Diga: Goliat era un hombre muy alto y fuerte, y David era un muchacho joven. Cuando David luchó contra Goliat, le ganó porque David confiaba en que Dios lo cuidaba.**

Reproduzca la ilustración de David y Goliat (**Reproducible 9A**) para cada estudiante y permítales que recorten cada una o recórtelas usted con anterioridad. Sus estudiantes pueden colorear las ilustraciones con los marcadores o crayones. Después deben pegar la lámina de Goliat sobre la botella grande y la de David sobre la botella más pequeña. Permítales jugar con las figuras de David y Goliat.

**Materiales:**
Transparencia 3
marcadores
papel mural o sábana
cinta adhesiva
papel de periódico o plástico

**Accesorios de Zona®:**
corona de terciopelo

## Narra la historia de David

Continúen coloreando las ilustraciones del laberinto de la **Transparencia 3** si no terminaron en las sesiones anteriores. Lleve puesta la corona para dirigir a sus estudiantes por el laberinto. Deténganse en la ilustración donde David toca su arpa y pregúnteles qué recuerdan de esta historia.

**Diga: Hemos oído que Dios escogió a David para ser rey. Ahora escucharemos la historia de cómo David luchó contra Goliat llevando sólo cinco piedras.**

Anime a sus estudiantes a que compartan alguna historias relacionadas con las otras ilustraciones del laberinto.

**Materiales:**
papel de periódico
cinta adhesiva para paquete
tela azul o papel de estraza
bolsas de papel pequeñas

**Accesorios de Zona®:**
ninguno

## Relevo de piedras

Sus estudiantes deben arrugar cinco pedazos pequeños de papel de periódico para hacer unas piedras. Ayúdeles a envolverlas con la cinta adhesiva para paquete. Coloque una pieza de tela azul o papel de estraza sobre el piso para simular un arroyo y pongan todas las piedras sobre el arroyo.

Proporcione a cada estudiante una bolsa de papel pequeña, tienen que arrugar las bolsas y frotarlas varias veces para suavizar el papel. Indíqueles que hagan una fila en un extremo del salón, opuesto al arroyo. Cuando usted lo indique, el primer niño o niña debe correr hacia el arroyo, recoger sus piedras y colocarlas en su bolsa; mientras todos cuentan "1, 2, 3, 4, 5"; debe vaciar su bolsa y volver rápidamente a la línea. El o la siguiente estudiante corre hacia el arroyo y repiten la actividad hasta que todos hayan recogido sus piedras.

**Diga: David fue hasta el arroyo para recoger cinco piedras lisas para pelear contra Goliat. David sabía que Dios estaría con él.**

ZONA BÍBLICA®

Escoja una o más actividades para sumergir a sus estudiantes en la historia bíblica.

# Tal cual somos

**Diga:** Cuando David fue a visitar a sus hermanos que estaban con Saúl en la guerra, escuchó que Goliat le gritaba a los israelitas. Goliat pensaba que era el hombre más fuerte y que nadie se atrevería a luchar contra él. David era un jovencito, pero Dios estaba con él y podía luchar contra Goliat. Dios nos creó a cada uno de nosotros de manera muy especial y podemos confiar en que Dios siempre estará con nosotros. No debemos tener miedo porque Dios está con nosotros. Ahora vamos a jugar "sígueme".

Al final del juego, elija a un o una estudiante para que se ponga la corona de terciopelo y dirija al resto de la clase hasta el área de historias.

**Materiales:**
ninguno

**Accesorios de Zona®:**
corona de terciopelo

**Dios nos ama tal cual somos.**
(Señálense y abrácense a sí mismos)
**Podemos ser altos.**
(Pónganse de pie o caminen de puntas)
**Podemos ser pequeños.**
(Pónganse en cuclillas)
**Dios nos ama tal cual somos.**
(Aplaudan dos veces)

**Dios nos ama tal cual somos.**
(Señálense y abrácense a sí mismos)
**Podemos tener pelo largo.**
(Finjan cepillarse el pelo)
**Podemos tener pelo corto.**
(Señalen con su mano el pelo)
**Dios nos ama tal cual somos.**
(Den dos pisotones)

**Dios nos ama tal cual somos.**
(Señálense y abrácense a sí mismos)
**Quizás nos gusta pintar.**
(Simulen pintar sobre un caballete)
**Quizás nos gusta cantar.**
(Canten "La, la, la")
**Dios nos ama tal cual somos.**
(Salten dos veces)

**Dios nos ama tal cual somos.**
(Señálense y abrácense a sí mismos)
**Quizás nos gusta bailar.**
(Bailen por todas partes)
**Quizás nos gusta leer.**
(Junten sus manos como un libro abierto)
**Dios nos ama tal cual somos.**
(Sacúdanse dos veces)

**Dios nos ama tal cual somos.**
(Señálense y abrácense a sí mismos)
**Podemos usar anteojos.**
(Ahuequen sus manos alrededor de sus ojos)
**Podemos necesitar audífonos.**
(Señalen su oreja)
**Dios nos ama tal cual somos.**
(Giren en su lugar dos veces)

**Dios nos ama tal cual somos.**
(Señálense y abrácense a sí mismos)
**Podemos escuchar a Dios.**
(Ahuequen su mano sobre su oreja)
**Podemos seguir a Dios.**
(Marchen en su lugar)
**Dios nos ama tal como somos.**
(Aplaudan dos veces)

PRE-ESCOLAR: LECCIÓN 9

# Historia de la Zona Bíblica

## David y Goliat

*Por Beth Parr*

> *Indique a sus estudiantes que se sienten formando un círculo. Pídales que participen repitiendo las acciones que usted indique.*

**Fuertes pisadas, fuertes pisadas, fuertes pisadas.**
*(Den pisotadas)*
Goliat daba fuertes pisotones cuando caminaba de un lado a otro. Goliat era muy alto, medía más de 9 pies. Él se la pasaba caminando frente al ejército del rey Saúl.

**Griten, griten, griten.**
*(Ahuequen las manos sobre su boca)*
Goliat le gritó a los hombres del ejército del rey Saúl: "Soy el mejor soldado, el más fuerte, yo puedo vencer a cualquiera de su ejército, ¿quién vendrá a pelear contra mí?"

**Tiemblen, tiemblen, tiemblen.**
*(Finjan temblar de miedo)*
Los hombres del ejército del rey Saúl estaban muy asustados porque Goliat era muy grande y fuerte. Ninguno de ellos quería luchar contra Goliat.

**Rápido, rápido, rápido.**
*(Corran en su lugar)*
David se apresuró a llevarles comida a sus hermanos que estaban en el ejército del rey Saúl. David era un jovencito que cuidaba las ovejas de su padre. David no era ni grande, ni fuerte como Goliat, pero confió en que Dios lo cuidaría.

**Escuchen, escuchen, escuchen.**
*(Ahuequen las manos sobre sus orejas)*
Cuando David llegó al campamento del rey Saúl, escuchó a Goliat que le gritaba a los israelitas. Inmediatamente el jovencito le preguntó a unos soldados por qué nadie luchaba contra Goliat. En eso, su hermano mayor lo vio y le dijo que era muy joven para estar allí, y que mejor se fuera a casa.

**Vengan, vengan, vengan.**
*(Hagan señas con su mano)*
Algunos de los soldados que escucharon a David, le contaron al rey Saúl lo que habían oído. Enseguida, el rey Saúl le pidió a David que viniera a verlo. Cuando se dio cuenta de que David era muy joven, pensó que no podría luchar contra Goliat.

**Sí, sí, sí.**
*(Asienten con la cabeza)*
David estaba seguro de que podía luchar contra Goliat y ganar porque confiaba en Dios y sabía que Dios siempre estaba con él. David convenció al rey. Entonces Saúl le dijo que podía ir a pelear con Goliat, para ello le dio su armadura, su casco y su espada, pero estas cosas eran tan grandes y pesadas que David ni siquiera podía caminar.

**Junten, junten, junten.**
*(Recojan piedras de un arroyo)*
David se quitó la armadura y fue al arroyo, donde recogió cinco piedras lisas: 1, 2, 3, 4, 5; después puso las piedras en su bolsa de cuero y fue a pelear contra Goliat.

**Sonrían, sonrían, sonrían.**
*(Señalen las esquinas de su boca)*
Cuando Goliat vio a David comenzó a reírse porque David era pequeño, entonces, David lanzó una sola piedra y golpeó a Goliat en la cabeza, inmediatamente Goliat cayó. David estaba muy contento de haber golpeado a Goliat. Dios estaba con David y David confiaba en que lo cuidaría.

# En la ZONA con la Abeja BZ

## Zumbando el versículo

Escoja a un o una estudiante para que sujete la Biblia abierta en el Salmo 56:4a.

**Diga: La historia bíblica de hoy nos habla de la ocasión en que David luchó contra Goliat. David confió en Dios y no tuvo miedo.**

Repita el versículo bíblico a sus estudiantes: "Confío en Dios … y no tengo miedo" (Salmo 56:4a). Pídales que repitan este versículo después de usted.

De espaldas a la clase o escondiendo las manos debajo de una mesa, coloque en su mano el títere de la Abeja BZ (consulte la página 173). Dé la vuelta o saque las manos para mostrar el títere a la clase, finja la voz y simule que su títere habla:

**Bzzz. Bzzz. Bzzz, ¡hola a todos y a todas, yo soy la Abejita BZ!**

**Bzzz. Bzzz. Bzzz, estoy volando de un lado a otro y puedo ver que tenemos nuevos amiguitos y amiguitas.**

Acérquese a cada estudiante y anímeles, sin forzarles, para que extiendan la mano con la palma hacia arriba. Simule que la Abejita BZ se posa en las manos de cada estudiante y que dice frases como:

**Mmm. Mmm. Me gusta conocer nuevos amigos. Bzzz. Bzzz. Me encantaría que tú fueras mi amiga. Yum. Yum. ¿Podemos ser amigos?**

Después de que BZ se haya posado en las palmas de cada estudiante, simule que dice:

**Bzzz. Bzzz. Bzzz. Disfruto mucho hacer nuevas amistades, es tan divertido.**

**Bzzz. Bzzz. Bzzz. Sólo hay algo que me gusta más y es la Biblia.**

**Bzzz. Bzzz. Bzzz. ¿Escucharon, atentamente, la historia bíblica de hoy? ¿Quién era el hombre grande que pensaba que era muy fuerte?** (*Goliat*) **¿Quién venció a Goliat?** (*David*) **¿Por qué ganó David?** (*Porque David confiaba en Dios y Dios estaba con él*).

**Bzzz. Bzzz. Bzzz. Aunque David era un jovencito, pudo vencer a Goliat, quien era un hombre muy grande y fuerte, porque David confiaba en Dios y Dios lo ayudó.**

**Bzzz. Bzzz. Bzzz. Vamos a repetir este versículo bíblico juntos: "Confío en Dios… y no tengo miedo" (Salmo 56:4).**

Anime a sus estudiantes para que repitan el versículo bíblico con la Abejita BZ.

Haga que la Abejita BZ se despida de la clase. Puede guardar el títere.

 **Con la ayuda de Dios podemos hacer grandes cosas.**

PRE-ESCOLAR: LECCIÓN 9

Escoja una o más actividades para sumergir a sus estudiantes en la historia bíblica.

**Materiales:**
tocadiscos de discos compactos

**Accesorios de Zona®:**
disco compacto

# Canta y adora

Ponga el cántico, "Fuerte, audaz debes ser" (**disco compacto, pista 9**). Ponga el cántico otra vez y permita a sus estudiantes que den palmadas al son de la música.

**Fuerte, audaz debes ser**

Fuerte (fuerte), audaz (audaz) debes ser pues Dios te cuida.
Fuerte (fuerte), audaz (audaz) debes ser pues Dios te cuida.

Yo no temeré ni desmayaré
pues yo ando en fe y victoria.
Te invito a andar en fe y victoria
pues tu Dios contigo está.

LETRA: Morris Chapman; trad. por Julito Vargas
MÚSICA: Morris Chapman
© 1984; trad. © 2008 Word Music Inc. (ASCAP), 65 Music Square West, Nashville, TN 37203
Todos los derechos reservados. Derechos internacionales asegurados. Usado con permiso

 de Vida

Escoja una o más actividades para que la Biblia cobre significado en la vida diaria.

# Piedras de confianza

Antes de iniciar su clase, reproduzca la parte superior del **Reproducible 9B**; necesitará un círculo para cada estudiante.

Proporcione a cada estudiante una piedra lisa y pídales que las barnicen con pegamento. Facilíteles algunos recuadros de papel de seda para que los peguen a la piedra. Cuando hayan cubierto la piedra con el papel de seda, peguen encima el círculo con el letrero "Confío en Dios" (**Reproducible 9B**). Barnicen la piedra con una capa de pegamento rebajado con agua, para que brille cuando seque.

**Diga: Hoy escuchamos la historia donde David confió en que Dios lo ayudaría en su lucha contra Goliat. Nosotros podemos confiar en que Dios está con nosotros todos los días y podemos hacer cosas importantes con su ayuda.**

**Materiales:**
Reproducible 9B (parte superior)
pegamento
vasos chicos
piedras
palitos con punta de algodón o pinceles
papel de seda
agua

**Accesorios de Zona®:**
ninguno

# Confía siempre

Indique a sus estudiantes que se siente formando un círculo.

**Diga: Vamos a jugar un juego, donde voy a mencionar los momentos en que tal vez sintamos temor. Si creen que podemos confiar en Dios cuando sentimos miedo, deberán hacer la acción que yo les mencione.**

Si podemos confiar en Dios cuando estamos solos, póngase de pie, den media vuelta, y siéntese.

Si podemos confiar en Dios cuando estamos asustados en medio de una tormenta, recuéstense y aplaudan dos veces.

Si podemos confiar en Dios cuando tenemos miedo a la oscuridad, salten.

Si podemos confiar en Dios cuando extrañamos a nuestra mamá o papá, griten "¡Ra, ra, ra!"

Si podemos confiar en Dios cuando intentamos hacer algo nuevo, den palmadas en sus rodillas.

Si podemos confiar en que Dios siempre está con nosotros y nos cuida, pónganse de pie y agiten sus manos en el aire.

**Diga: David sabía que Dios estaba con él, por eso enfrentó a Goliat. Nosotros sabemos que Dios siempre está con nosotros y podemos confiar en que siempre nos cuidará.**

**Materiales:**
ninguno

**Accesorios de Zona®:**
ninguno

# Zona de Vida

Escoja una o más actividades para que la Biblia cobre significado en la vida diaria.

**Materiales:**
Reproducible 9B
 (parte inferior)
marcadores
perforadora
pegamento
hilo de tejer
tazones desechables

**Accesorios de Zona®:**
ninguno

## Sombreros de confianza

Use el versículo bíblico que se encontraba en la parte inferior de la hoja que reprodujo con anterioridad (**Reproducible 9B**), se necesita uno por estudiante. Proporcione a cada estudiante un tazón desechable para hacer un sombrero. Pídales que inviertan el plato y decoren la parte exterior con los marcadores. Luego deben pegar el versículo bíblico en la parte superior del plato. Haga una perforación a ambos lados del plato, ayúdeles a introducir un pedazo de hilo de tejer y a anudar los extremos, servirán para sujetarse el sombrero.

**Diga: David confió en Dios y también nosotros podemos confiar en Dios. Sabemos que Dios siempre está con nosotros, llevemos nuestros sombreros de confianza mientras marchamos alrededor del salón.**

Dirija a la clase repitiendo el siguiente verso mientras marchan:

Confía en Dios. Confía en Dios.
Él es tu guía.
Confía en Dios. Confía en Dios.
Confía en Dios cada día.

**Materiales:**
ninguno

**Accesorios de Zona®:**
pelota inflable de estrella

## Adoración estupenda

Indique a sus estudiantes que se sienten en el área de historias y muéstreles la **pelota inflable de estrella**.

**Diga: Podemos confiar en que Dios siempre está con nosotros. Dios nos ama y cuida de cada uno. Voy a arrojar la pelota a cada uno de ustedes y me la van a devolver enseguida.**

Cada vez que le tire la pelota a un o una estudiante debe decir "Dios ama a (nombre del niño o de la niña)".

Entonen el cántico "Que bueno es Dios" (pista 16 en el disco compacto de "En el desierto").

**Qué bueno es Dios**

Qué bueno es Dios.
Qué bueno es Dios.
Que bueno es Dios.
Me ama siempre a mí

LETRA: Fuente desconocida; trad. por Carmen Saraí Pérez
MÚSICA: Fuente desconocida
© 1988 Graded Press; trad. © 2007 Abingdon Press, admin. por The Copyright Co., Nashville, TN 37212

**Oren: Amado Dios, sabemos que podemos confiar en ti porque tú siempre estás con nosotros. Gracias por amarnos cada día. Amén.**

Haga una fotocopia de Zona Casera® para cada estudiante de su clase.

 # Casera para padres

**Versículo bíblico**
"Confío en Dios… y no tengo miedo"
Salmo 56:4a

**Historia bíblica**
1 Samuel 17

Algunas partes de la historia de David y Goliat pueden ser aterradoras para nuestros niñitos. Cuando narremos la historia debemos enfocarnos en el hecho de que David confió en que Dios estaba con él. Hablamos de que David fue capaz de hacer algo muy importante porque Dios estaba con él.

Existen muchas cosas que atemorizan a los niñitos y a las niñitas, por ejemplo, cuando se va su mamá o papá, las tormentas eléctricas, la oscuridad, los animales, etcétera. No podemos eliminar todos sus temores de manera rápida, pero sí podemos darles tranquilidad cuando les decimos que Dios siempre está con nosotros, que Dios nos ama y podemos confiar en que Dios nos cuida.

Esta historia es muy popular con los niñitos y las niñitas porque nos narra cómo un jovencito fue capaz de derrotar a un hombre grande y fuerte. Sus estudiantes disfrutarán el hecho de que Dios ayudó a David a hacer algo que los soldados tenían miedo de siquiera intentar hacer.

Aliente la independencia de su niño o niña, por ejemplo, pídale que le ayude con las tareas domésticas, pues ya es lo suficientemente grande para ayudar a recoger sus juguetes o poner la mesa. Cuando apoyamos la independencia y la responsabilidad en nuestra niñez desarrollamos su confianza en sus habilidades.

## Cinco piedras suaves y de rechupete

Disfruten juntos de hacer algunas piedras comestibles.

Corte en cuatro la masa de algunos bisquets enlatados y moldee la masa en forma de piedra. Bañe las piedras en mantequilla derretida y después ruédelas en canela hasta que se cubran totalmente. Coloque las piedras en una bandeja y hornee a 350 grados durante 7 ó 12 minutos, dependiendo del tamaño de las piedras.

Cuando se coman las piedras, cuenten "1, 2, 3, 4, 5", recordando a su hijo o hija que David recogió cinco piedras del arroyo para luchar contra Goliat. David confió que Dios estaba con él, nosotros también podemos confiar en Dios.

 **Con la ayuda de Dios podemos hacer grandes cosas.**

Permiso de fotocopiado otorgado para el uso de la iglesia local. © 2008 Abingdon Press.

Reproducible 9A

"Yo confío en Dios" (×16)

Confío en Dios... y no tengo miedo.
Salmo 56:4a

Pre-escolar: Lección 9

**Reproducible 9B**

Permiso de fotocopiado otorgado para el uso de la iglesia local. © 2008 Abingdon Press.

# David y Jonatán

## Entra a la

### Versículo bíblico
Un amigo siempre es afectuoso.
Proverbios 17:17a

### Historia bíblica
1 Samuel 20

Jonatán, quien era hijo del rey Saúl, se había hecho buen amigo de David. Saúl se dio cuenta de que Dios estaba con David y lo ayudaba, mientras que a él Dios ya no lo apoyaba, así que decidió deshacerse de David.

David habló con su amigo Jonatán para preguntarle sobre la razones que tenía su padre para querer matarlo. Jonatán no podía creer lo que escuchaba, "no creo que mi padre quiera lastimarte", le dijo Jonatán. David le contestó que estaba diciendo la verdad y le pidió a Jonatán que lo ayudara.

David y Jonatán idearon un plan para asegurarse de las intenciones del rey Saúl. David debería esconderse y no asistir al banquete ofrecido por Saúl, como regularmente lo hacía. Cuando Saúl preguntara por que David no se encontraba presente, Jonatán le contestaría que David había ido a Belén para adorar a Dios junto a su familia en una celebración especial.

Si al rey Saúl no le molestaba que David estuviera con su familia, sería señal de que todo estaba bien; pero si Saúl se enojaba, quería decir que deseaba matar a David.

Como David y Jonatán eran muy buenos amigos, prometieron que serían amigos por siempre y se protegerían el uno al otro, sin importar lo que ocurriera.

Los dos amigos planearon una forma para que Jonatán le dejara saber a David si debía escapar o no; lo cual dependería de las intenciones de Saúl hacia David. Cuando Jonatán descubrió que su padre quería matar a David, lo ayudó a escapar.

Aunque algunas partes de esta historia pueden resultar complejas para sus pequeñines (como el hecho de que el rey Saúl quisiera matar a David), hay otras que les serán más fáciles de entender, como la amistad. La amistad es importante para los niños y las niñas de cualquier edad. Durante la etapa preescolar, están aprendiendo lo que significa ser amigo o amiga.

Ayude a sus estudiantes a tratarse como amigos. Oriénteles para que incluyan a todos los integrantes de la clase en las actividades.

# Los amigos y las amigas deben ser leales y cuidarse entre sí.

## Vistazo a la

| ZONA | TIEMPO | MATERIALES | ACCESORIOS DE ZONA® |
|---|---|---|---|
| **Acércate en la Zona** | | | |
| Rompecabezas de los amigos | 5 minutos | ver la página 120 | ninguno |
| Narra la historia de David | 5 minutos | Transparencia 3, papel mural o sábana, cinta adhesiva, marcadores, papel de periódico o plástico | corona de terciopelo |
| Flechas amistosas | 10 minutos | sorbetes (popotes de plástico)perforadora, cinta, bolsas de papel chicas, cinta adhesiva para paquete | ninguno |
| **ZONA Bíblica®** | | | |
| Tal cual somos | 5 minutos | ninguno | corona de terciopelo |
| David y Jonatán | 5 minutos | ninguno | ninguno |
| Zumbando el versículo | 5 minutos | Biblia y Abeja BZ | ninguno |
| Canta y adora | 5 minutos | tocadiscos de discos compactos | disco compacto |
| **Zona de Vida** | | | |
| Dibuja con tus amistades | 5 minutos | cinta adhesiva, papel de dibujo | ninguno |
| Pulseras de la amistad | 5 minutos | sorbetes, papel de construcción, pegamento, tijeras, cinta o hilo de tejer | ninguno |
| Colcha de la amistad | 5 minutos | Reproducible 10B, página 172, crayones o marcadores, cojín para sellos, cinta adhesiva de colores. | ninguno |
| Pelota amigable | 5 minutos | ninguno | pelotas de caritas felices |
| Adoración estupenda | 5 minutos | ninguno | oso feliz |

Los Accesorios de Zona® se encuentran en el **Paquete de DIVERinspiración®**.

PRE-ESCOLAR: LECCIÓN 10

# Acércate a la

Escoja una o más actividades para capturar el interés de sus estudiantes.

**Materiales:**
Reproducible 10A
marcadores y crayones
pegamento
cartulina
tijeras
bolsas resellables de plástico

**Accesorios de Zona®:**
ninguno

## Rompecabezas de los amigos

Reproduzca la ilustración de David y Jonatán (**Reproducible 10A**) para cada estudiante. Sus estudiantes deberán pegarla sobre una hoja de cartulina y colorear la ilustración con marcadores o crayones. Usted puede recortar las piezas del rompecabezas o permitirle a sus estudiantes que las recorten. Permítales armar sus rompecabezas. Proporcióneles una bolsa hermética de plástico para que guarden las piezas una vez que hayan terminado.

**Diga: David y Jonatán eran muy buenos amigos, ellos disfrutaban de hacer cosas juntos y se prometieron que siempre serían amigos. Jonatán ayudó a David cuando el rey Saúl quiso hacerle daño a David.**

**Materiales:**
Transparencia 3
marcadores
papel mural o sábana
cinta adhesiva
papel de periódico o plástico

**Accesorios de Zona®:**
corona de terciopelo

## Narra la historia de David

**Diga: Escuchamos ya la historia de cuando Dios eligió a David para ser rey. Hoy escucharemos cómo Jonatán, el amigo de David, lo ayudó a ponerse a salvo del rey Saúl, quien quería hacerle daño.**

Continúen coloreando las ilustraciones del laberinto de la **Transparencia 3** si aún no las han terminado. Lleve puesta la corona para dirigir a sus estudiantes por el laberinto. Deténganse en la imagen donde están David y Goliat, pregúnteles qué recuerdan sobre esta historia. Anímeles a que compartan lo que recuerden de las otras historias ilustradas.

## Flechas amistosas

**Materiales:**
sorbetes (popotes, pajillas) de plástico
perforadora
cinta
bolsas de papel chicas
cinta adhesiva

**Accesorios de Zona®:**
ninguno

**Diga: Jonatán y David hicieron un plan para que Jonatán le pudiera advertir a David si tenía que escapar para protegerse del rey Saúl. David debía esconderse y Jonatán tiraría una flechas hacia donde él se encontraba; si Jonatán gritaba "las flechas están más lejos", significaba que David debía escapar.**

Proporcione a cada estudiante dos o tres sorbetes (popotes, pajillas) para hacer sus flechas. Ayúdeles a perforar un extremo del sorbete y reparta las cintas para que las introduzcan por el orificio. Ayúdeles enlazando la cinta en cada popote. Entregue a sus estudiantes bolsas chicas de papel y ayúdeles a doblar el borde de la bolsa de papel. Hagan dos agujeros en cada bolsa, uno en cada extremo; pasen un cinta (suficientemente larga para que puedan colgar la bolsa sobre sus hombros) por las perforaciones, y átenla para que quede fija. Estas serán las aljabas que sus estudiantes usarán para guardar sus flechas y colgarlas sobre sus hombros. Con la cinta adhesiva de colores, haga una línea sobre el piso; desde aquí podrán lanzar sus flechas.

Escoja una o más actividades para sumergir a sus estudiantes en la historia bíblica.

# Tal cual somos

**Materiales:**
ninguno

**Accesorios de Zona®:**
corona de terciopelo

Diga: David y Jonatán eran muy buenos amigos y prometieron que siempre serían amigos. Jonatán era amable con David y cuidaba de él. Dios creó a cada persona para que fuera única y especial. Podemos confiar en que Dios siempre está con nosotros, porque también tenemos amigos y amigas que nos ayudan y cuidan de nosotros. Ahora vamos a jugar "sígueme".

Al final del juego, elija a un o una estudiante para que se ponga la corona de terciopelo y dirija al resto de la clase hasta el área de historias.

**Dios nos ama tal cual somos.**
(Señálense y abrácense a sí mismos)
**Podemos ser altos.**
(Pónganse de pie o caminen de puntas)
**Podemos ser pequeños.**
(Pónganse en cuclillas)
**Dios nos ama tal cual somos.**
(Aplaudan dos veces)

**Dios nos ama tal cual somos.**
(Señálense y abrácense a sí mismos)
**Podemos tener pelo largo.**
(Finjan cepillarse el pelo)
**Podemos tener pelo corto.**
(Señalen con su mano el pelo)
**Dios nos ama tal cual somos.**
(Den dos pisotones)

**Dios nos ama tal cual somos.**
(Señálense y abrácense a sí mismos)
**Quizás nos gusta pintar.**
(Simulen pintar sobre un caballete)
**Quizás nos gusta cantar.**
(Canten "La, la, la")
**Dios nos ama tal cual somos.**
(Salten dos veces)

**Dios nos ama tal cual somos.**
(Señálense y abrácense a sí mismos)
**Quizás nos gusta bailar.**
(Bailen por todas partes)
**Quizás nos gusta leer.**
(Junten sus manos como un libro abierto)
**Dios nos ama tal cual somos.**
(Sacúdanse dos veces)

**Dios nos ama tal cual somos.**
(Señálense y abrácense a sí mismos)
**Podemos usar anteojos.**
(Ahuequen sus manos alrededor de sus ojos)
**Podemos necesitar audífonos.**
(Señalen su oreja)
**Dios nos ama tal cual somos.**
(Giren en su lugar dos veces)

**Dios nos ama tal cual somos.**
(Señálense y abrácense a sí mismos)
**Podemos escuchar a Dios.**
(Ahuequen su mano sobre su oreja)
**Podemos seguir a Dios.**
(Marchen en su lugar)
**Dios nos ama tal cual somos.**
(Aplaudan dos veces)

PRE-ESCOLAR: LECCIÓN 10

# Historia de la  Bíblica

## David y Jonatán

*Por Beth Parr*

> *Indique a sus estudiantes que se sienten formando un círculo.*
>
> **Diga: Cada vez que ustedes escuchen la palabra** *amigo* **o** *amigos*, **deberán señalar a un amigo o una amiga.**

David temía que el rey Saúl le hiciera daño, así que fue a hablar con su **amigo** (*hacer la seña*) Jonatán, porque ellos eran muy bueno **amigos** (*hacer la seña*). Disfrutaban de hacer cosas juntos y David estaba seguro que Jonatán lo ayudaría porque era un **amigo** (*hacer la seña*) muy bueno.

David le dijo "Jonatán, tu padre, el rey Saúl quiere hacerme daño, ¿puedes ayudarme?"

Al principio, Jonatán no podía creer que su padre, el rey Saúl, quisiera hacerle daño a su **amigo** (*hacer la seña*) David, pero le dijo a David: "Dime qué quieres que yo haga y lo haré", pues Jonatán deseaba ayudar a su **amigo** (*hacer la seña*), para mantenerlo a salvo.

Los **amigos** (*hacer la seña*) planearon para que David se escondiera y no fuera a la cena del rey Saúl, como regularmente lo hacía. Si el rey se enojaba al darse cuenta de que David no estaba presente, significaría que en realidad tenía intenciones de hacerle daño a David.

En ese caso, Jonatán debía tener una manera secreta para dejarle saber a su **amigo** (*hacer la seña*) si el rey Saúl quería hacerle daño.

Jonatán le explicó su plan a David: "vendré al campo, donde estás escondido; traeré a mi sirviente y tiraré tres fechas. Si no hay peligro para ti, diré a mi sirviente que las flechas están cerca de él para que las recoja. De haber peligro para ti, le diré a mi sirviente que las flechas están más allá, entonces vete porque el Señor quiere que te vayas".

Antes de que Jonatán se apartara de su **amigo** (*hacer la seña*) David, se prometieron que serían **amigos** (*hacer la seña*) para siempre, incluso si estaban lejos el uno del otro, continuarían siendo **amigos** (*hacer la seña*).

David se escondió en el campo, a los pocos días Jonatán fue al campo con su sirviente, tiró tres flechas y le dijo a su sirviente que las flechas estaban más allá; entonces David entendió que tenía que escapar.

Jonatán envió a su sirviente de regreso al pueblo y entonces David salió de su escondite. David y Jonatán estaban muy tristes porque ya no se podrían ver, y eran muy buenos **amigos** (*hacer la seña*).

Jonatán le dijo a David: "Cuídate mucho, recuerda que Dios cuidará siempre de nosotros y cumpliremos nuestra promesa de ser **amigos** (*hacer la seña*) por siempre".

Jonatán quería mucho a su **amigo** (*hacer la seña*) David y lo ayudó para que se pusiera a salvo.

# En la ZONA con la Abeja BZ

## Zumbando el versículo

Escoja a un o una estudiante para que sujete la Biblia abierta en Proverbios 17:17a.

**Diga: En nuestra historia bíblica de hoy aprendimos de cómo Jonatán ayudó a su buen amigo David.**

Repita el versículo bíblico a sus estudiantes: "Un amigo es siempre afectuoso" (Proverbios 17:17a). Pídales que repitan el versículo después de usted.

De espaldas a la clase o escondiendo las manos debajo de una mesa, coloque en su mano el títere de la Abejita BZ (consulte la página 173). Dése vuelta o saque las manos para mostrar el títere a la clase, finja la voz y simule que su títere habla:

**Bzzz. Bzzz. Bzzz, ¡hola a todos y todas, yo soy la Abejita BZ!**

**Bzzz. Bzzz. Bzzz, estoy volando de un lado a otro y puedo ver que tenemos nuevos amiguitos y amiguitas.**

Acérquese a cada estudiante y anímeles, sin forzarles, para que extiendan sus manos con las palmas vueltas hacia arriba. Simule que la Abejita BZ se posa en las palmas de sus estudiantes y que dice frases como:

Mmm. Mmm. Me gusta conocer nuevos amigos. Bzzz. Bzzz. Me encantaría que tú fueras mi amiga. Yum. Yum. ¿Podemos ser amigos?

Después de que BZ se haya posado en las palmas de cada estudiante, simule que dice:

**Bzzz. Bzzz. Bzzz. Disfruto mucho hacer nuevas amistades, es tan divertido.**

**Bzzz. Bzzz. Bzzz. Sólo hay algo que me gusta más y es la Biblia.**

**Bzzz. Bzzz. Bzzz. ¿Escucharon, atentamente, la historia bíblica de hoy? ¿Quién era el amigo de David?** (*Jonatán*) **¿Qué prometieron David y Jonatán?** (*Ser amigos por siempre*)

**Bzzz. Bzzz. Bzzz. Jonatán y David eran buenos amigos. Así como Jonatán ayudó a David a protegerse del rey Saúl, nosotros también podemos ayudar a nuestros amigos y amigas.**

**Bzzz. Bzzz. Bzzz. Vamos a repetir este versículo bíblico juntos: "Un amigo es siempre afectuoso" (Proverbios 17:17a).**

Exhorte a sus estudiantes a que repitan el versículo bíblico con la Abejita BZ.

Haga que la Abejita BZ se despida. Guarde el títere.

**Los amigos y las amigas deben ser leales y cuidarse entre sí.**

Escoja una o más actividades para sumergir a sus estudiantes en la historia bíblica.

**Materiales:**
tocadiscos de discos compactos

**Accesorios de Zona®:**
disco compacto

# Canta y adora

Reproduzca el cántico, "Aplaudid" (**disco compacto, pista 11**). Permita que sus estudiantes se diviertan escuchando y aplaudiendo al son de la música.

### Aplaudid

¡Aplaudid! ¡Aplaudid! Cántale y alaba en gozo.
¡Aplaudid! ¡Aplaudid! Cántale y alaba en gozo.
¡Aplaudid! ¡Aplaudid!

¡Bueno es Dios!
¡Le damos gloria!
¡Bueno es Dios!
¡Le damos gloria!

LETRA: Handt Hanson y Paul Murakami; trad. Julito Vargas
MÚSICA: Handt Hanson y Paul Murakami
© 1991; trad. © 2008 Changing Church Forum

# Zona de Vida

Escoja una o más actividades para que la Biblia cobre significado en la vida diaria.

## Dibujando con amigos

Pegue una hoja de papel debajo de la mesa. Sus estudiantes deberán escoger a uno o dos amigos o amigas para dibujar. Permita que se recuesten sobre su espalda frente a su papel de dibujo y hagan juntos una pintura con los crayones. Asegúrese de que cada estudiante tenga alguien con quien dibujar.

**Diga: Hoy escuchamos una historia sobre David y Jonatán. Ellos eran buenos amigos, disfrutaban pasar tiempo juntos y se ayudaban. Ustedes y sus amigos se han ayudado a hacer un dibujo increíble para decorar nuestro salón.**

**Materiales:**
cinta adhesiva
papel de dibujo
crayones

**Accesorios de Zona®:**
ninguno

## Pulseras de la amistad

Entregue a cada estudiante un sorbete (popote, pajilla) y una hoja de papel de construcción de tres pulgadas de ancho y tan largo como el sorbete. Muestre a sus estudiantes cómo doblar el papel por la mitad. Después cubrirán el papel con pegamento. Ahora pueden colocar el sorbete sobre el doblez y juntar ambos lados del papel de construcción para que queden pegados, déjelos secar durante algunos minutos. Permítales que corten la tira en pequeñas piezas que serán las cuentas de las pulseras. Luego deben hacer juegos de cuentas de la misma forma.

Proporcione dos pedazos de cinta o hilo de tejer a cada estudiante para que enhebren las cuentas en su cinta. Usted puede ayudarles a anudar los extremos. Una pulsera es para ellos y la otra es para regalarla a un amigo o amiga.

**Diga: Podemos regalar una pulsera a uno de nuestros amigos o amigas para que sepan que les amamos, como David y Jonatán se amaban, pues Dios desea que nos amemos unos a otros.**

Enseñe a la clase, el versículo bíblico: "Un amigo es siempre afectuoso" (Proverbios 17:17a).

Diviértanse repitiendo el versículo y señalándose los uno a los otros.

**Materiales:**
Biblia
sorbetes
papel de construcción
pegamento
tijeras
cinta o hilo de tejer

**Accesorios de Zona®:**
ninguno

PRE-ESCOLAR: LECCIÓN 10

# de Vida

Escoja una o más actividades para que la Biblia cobre significado en la vida diaria.

**Materiales:**
Reproducible 10B
página 172
crayones o marcadores
cojín para sellos
cinta adhesiva de color

**Accesorios de Zona®:**
ninguno

## Colcha de la amistad

Antes de la clase reproduzca el recuadro de la colcha (**Reproducible 10B**) para cada estudiante. Reproduzca también el recuadro con el versículo bíblico de la página 172. Cada estudiante debe hacer un dibujo de sí mismos en su recuadro, usted puede ayudarles para que escriban sus nombres y edades sobre los parches.

Usando el cojín para sellos, permita que cada estudiante imprima sus huellas digitales sobre su parcho. Una vez que hayan terminado, coloquen juntos los recuadros y permítales que le ayuden a unirlos con cinta adhesiva de color; en medio pueden poner un parcho con el versículo bíblico.

**Diga: Hemos hecho una colcha de parchos de la amistad de papel, con nuestras amistades de la clase. Los amigos y las amigas se ayudan entre sí, así como Jonatán ayudó a David.**

**Materiales:**
ninguno

**Accesorios de Zona®:**
pelotas de caritas felices

## Pelota amigable

Indique a sus estudiantes que se sienten formando un círculo, muéstreles las pelotas de caritas felices.

**Diga: Vamos a jugar con nuestros amigos y amigas. Tenemos dos pelotas de caritas felices. Nosotros estamos contentos de tener buenos amistades, nos pasaremos las pelotas.**

Entregue las **pelotas de caritas felices** a sus estudiantes a los lados opuestos del círculo. Deberán pasar las pelotas a los compañeros que se encuentren junto a ellos en dirección contraria, de tal forma que una pelota vaya hacia la derecha y la otra hacia la izquierda del círculo. Asegúrese de que todos en la clase sean incluidos en el juego.

**Materiales:**
ninguno

**Accesorios de Zona®:**
oso feliz

## Adoración estupenda

Pida a sus estudiantes que se sienten en el área de historias y muéstreles el oso feliz.

**Diga: Estamos felices porque Dios nos ha dado amistades que nos quieren y nos ayudan, como Jonatán y David que eran buenos amigos. Voy a pasarles al oso feliz, cuando uno de ustedes lo sostenga, debe decirnos una forma en la que podemos ayudar a nuestros amigos y amigas** (puede hacerles algunas sugerencias).

**Oren: Amado Dios, gracias por todos los amigos y amigas que nos has dado, muéstranos cómo podemos ayudarles. Amén.**

Haga una fotocopia de Zona Casera® para cada estudiante de su clase.

 # Casera para padres

**Versículo bíblico**
Un amigo es siempre afectuoso.
Proverbios 17:17a

**Historia bíblica**
1 Samuel 20

En la clase de hoy narramos la historia de Jonatán y David. Pusimos énfasis en que Jonatán y David eran muy amigos y se cuidaban mutuamente.

Jonatán ayudó a que David a que escapara del rey Saúl, quien quería hacerle daño. David y Jonatán prometieron que serían amigos por siempre, también le pidieron a Dios que cuidara de ellos.

Los pequeñines empiezan a hacer amistades y disfrutan jugar juntos. Anime a su hijo o hija a ser cariñoso y afectuoso con sus amigos. Converse con él o ella, de cómo se siente cuando no le hacen caso. Platiquen acerca de las maneras en que puede ser buen amigo o amiga.

Disfrute con su hijo o hija repitiendo, el versículo bíblico: "Un amigo es siempre afectuoso" (Proverbios 17:17a).

## Pastelito de chocolate de la amistad

Disfrute preparando pastelitos de chocolate de la amistad con su hijo o hija.

½ taza de mantequilla
1/3 taza de agua caliente
4 ½ taza de azúcar en polvo
½ taza leche en polvo sin grasa
½ taza de cocoa sin azúcar
una pizca de sal

Derrita la mantequilla en el agua bien caliente. Añada el azúcar, la leche, la cocoa y la sal. Mezcle hasta que esté suave. Embadurne con mantequilla un molde cuadrado de 8 pulgadas y vierta la mezcla. Póngala en el refrigerador por varias horas. Corte formando pedazos cuadrado. Compártalos con sus amistades.

 **Los amigos y las amigas deben ser leales y cuidarse entre sí.**

Permiso de fotocopiado otorgado para el uso de la iglesia local. © 2008 Abingdon Press.

PRE-ESCOLAR: LECCIÓN 10

# David el rey

## Entra a la

**Versículo bíblico**
Confía en el Señor y haz lo bueno.
Salmo 37:3a

**Historia bíblica**
2 Samuel 5:1-12

Los ancianos de Israel sabían de la necesidad de tener un nuevo rey, así que se reunieron con David en Hebrón y le recordaron la promesa que Dios le había hecho de que un día gobernaría a Israel. Ellos ungieron a David como rey de Israel y reinó durante cuarenta años.

David reinó sólo sobre Judá por siete años, y luego en Jerusalén fue rey de todo Israel y Judá durante treinta y tres años.

Jerusalén era una ciudad muy antigua, pero de gran importancia estratégica para David; hasta ese momento había estado en manos de los jebuseos. David llevó un ejército para conquistar la ciudad aunque los jebuseos pensaban que no había ninguna posibilidad de que pudieran lograrlo, pues creían que podían derrotar a los israelitas.

David conocía un dato importante, sabía que había un túnel que permitía el acceso del agua a la ciudad y por el cual su ejército podía infiltrarse y tomar el control. Cuando finalmente los israelitas derrotaron a los jebuseos, Jerusalén se convirtió en la capital. Esta ciudad tenía una ubicación excelente, pues se encontraba entre la región de Israel y la de Judá; además estaba asentada sobre una meseta, que la hacía fácil de defender.

David reconstruyó la ciudad, él fue reconocido por la gente como un gran rey que gobernaba con justicia a su pueblo. Todos sabían que Dios estaba con David y lo guiaba para tomar buenas decisiones.

David sabía que Dios estaba con él y confiaba en que Dios lo ayudaba a ser un buen gobernante, tuvo temor de Dios, le amó y confió en que le ayudaría hacer lo bueno. En todos los recuentos de la historia de Israel, David es reconocido como un gran rey.

Cuando comparta esta historia con sus estudiantes, ayúdeles a entender que David escuchó a Dios y que Dios le ayudó a ser un gran rey. David confió en que Dios lo ayudaría en todo momento. Nosotros podemos confiar en que Dios nos ayuda a hacer lo correcto, pues Dios está siempre con nosotros.

# Dios está con nosotros y nos ayuda a hacer grandes cosas.

## Vistazo a la

| ZONA | TIEMPO | MATERIALES | ACCESORIOS DE ZONA® |
|---|---|---|---|
| **Acércate en la Zona** | | | |
| Coronemos al rey | 5 minutos | Reproducible 11A, tijeras, bolsas resellables de plástico, marcadores o crayones | ninguno |
| Narra la historia de David | 10 minutos | Transparencia 3, papel de periódico o plástico, papel mural o sábana, cinta adhesiva, marcadores | corona de terciopelo |
| Sé un buen líder | 5 minutos | opcional: cartulina o papel estraza, cinta adhesiva, tijeras | corona de terciopelo, coronas prismáticas de cartón |
| **ZONA Bíblica®** | | | |
| Tal cual somos | 5 minutos | ninguno | corona de terciopelo |
| El rey David | 5 minutos | ninguno | coronas prismáticas de cartón |
| Zumbando el versículo | 5 minutos | Biblia y Abeja BZ | ninguno |
| Canta y adora | 5 minutos | tocadiscos de discos compactos | disco compacto |
| **Zona de Vida** | | | |
| Medallones de confianza | 5 minutos | ver página 137 | ninguno |
| Búsqueda de confianza | 5 minutos | Reproducible 11B, tijeras | ninguno |
| Coronas del rey que confía | 10 minutos | ver la página 138 | ninguno |
| Adoración estupenda | 5 minutos | Biblia, tocadiscos de discos compactos | oso feliz, disco compacto |

Los Accesorios de Zona® se encuentran en el **Paquete de DIVERinspiración®**.

Pre-escolar: Lección 11

# Acércate a la

Escoja una o más actividades para capturar el interés de sus estudiantes.

**Materiales:**
Reproducible 11A
marcadores o crayones
tijeras
bolsas de plástico resellables

**Accesorios de Zona®:**
ninguno

## Coronemos al rey

Reproduzca las imágenes de la vida de David (**Reproducible 11A**) para cada estudiante. Permítales colorear las ilustraciones con los marcadores o crayones. Ayúdeles a recortarlas, luego pídales que las coloquen frente a ellos.

**Diga: Hemos escuchado varias historias sobre la vida de David. Veamos si ustedes pueden encontrar las dos tarjetas que ilustran la historia de David que yo les mencione.**

Pídales a sus estudiantes que busquen las dos ilustraciones que muestran a David y sus hermanos. Pídales que busquen las dos ilustraciones que muestran a David tocando el arpa para Saúl. Continúe con la ilustraciones de David y Goliat, David y su buen amigo, Jonatán; y finalmente, cuando David es coronado rey. Luego podrán guardar sus tarjetas en las bolsas de plástico resellables para llevarlas a su casa y compartirlas con su familia.

**Materiales:**
transparencia 3
marcadores
papel para mural o sábana
cinta Adhesiva
papel de periódico o plástico

**Accesorios de Zona®:**
corona de terciopelo

## Narra la historia de David

**Diga: Hemos escuchado que Dios ya había escogido a David para ser rey. Hoy vamos a saber cómo fue coronado rey y cómo llegó a ser un gran gobernante para el pueblo de Israel.**

Continúen coloreando las ilustraciones del laberinto de la **Transparencia 3,** si aún no las han terminado. Lleve puesta la corona para dirigir a sus estudiantes por el laberinto. Deténganse en la imagen donde están David y Jonatán. Pregunte qué recuerdan sobre esta historia.

Sigan caminando por el laberinto y anime a sus estudiantes a que compartan lo que recuerden sobre las historias de las otras ilustraciones.

**Materiales:**
opcional: cartulina o papel de estraza, cinta adhesiva, tijeras

**Accesorios de Zona®:**
corona de terciopelo
coronas prismáticas de cartón

## Sé un buen líder

Proporcione a cada estudiante una corona prismática de cartón. Si tiene una clase numerosa, tal vez necesite hacer, con antelación, algunas coronas adicionales de cartulina o papel de estraza. Dirija a sus estudiantes en un juego donde todos deben hacer lo que un líder les mencione (similar al juego "Simón dice"), pero sin los castigos. Permita que se turnen para ser el líder y usen la corona de terciopelo para distinguirlo.

**Diga: Tal como nosotros seguimos al líder en nuestro juego, el rey David siguió a Dios. David confió en que Dios le mostraría cómo hacer lo bueno.**

Escoja una o más actividades para sumergir a sus estudiantes en la historia bíblica.

# Tal cual somos

**Diga:** Dios eligió a David para ser el rey de Israel y el pueblo se alegró mucho de que David fuera su nuevo rey. David confió en Dios y Dios le ayudó a hacer grandes cosas. Dios nos creó a cada uno de nosotros de manera especial y podemos confiar en que Dios nos ayudará a vivir de la manera correcta. Ahora vamos a jugar "sígueme".

Al final del juego, elija a un o a una estudiante para que se ponga la corona de terciopelo y dirija al resto de la clase hasta el área de historias.

**Dios nos ama tal cual somos.**
(Señálense y abrácense a sí mismos)
**Podemos ser altos.**
(Pónganse de pie o caminen de puntas)
**Podemos ser pequeños.**
(Pónganse en cuclillas)
**Dios nos ama tal cual somos.**
(Aplaudan dos veces)

**Dios nos ama tal cual somos.**
(Señálense y abrácense a sí mismos)
**Podemos tener pelo largo.**
(Finjan cepillarse el pelo)
**Podemos tener pelo corto.**
(Señalen con su mano el pelo)
**Dios nos ama tal cual somos.**
(Den dos pisotones)

**Dios nos ama tal cual somos.**
(Señálense y abrácense a sí mismos)
**Quizás nos gusta pintar.**
(Simulen pintar sobre un caballete)
**Quizás nos gusta cantar.**
(Canten "La, la, la")
**Dios nos ama tal cual somos.**
(Salten dos veces)

**Dios nos ama tal cual somos.**
(Señálense y abrácense a sí mismos)
**Quizás nos gusta bailar.**
(Bailen por todas partes)
**Quizás nos gusta leer.**
(Junten sus manos como un libro abierto)
**Dios nos ama tal cual somos.**
(Sacúdanse dos veces)

**Dios nos ama tal cual somos.**
(Señálense y abrácense a sí mismos)
**Podemos necesitar anteojos.**
(Ahuequen sus manos alrededor de sus ojos)
**Podemos necesitar audífonos.**
(Señalen su oreja)
**Dios nos ama tal cual somos.**
(Giren en su lugar dos veces)

**Dios nos ama tal cual somos.**
(Señálense y abrácense a sí mismos)
**Podemos escuchar a Dios.**
(Ahuequen su mano sobre su oreja)
**Podemos seguir a Dios.**
(Marchen en su lugar)
**Dios nos ama tal cual somos.**
(Aplaudan dos veces)

**Materiales:**
ninguno

**Accesorios de Zona®:**
corona de terciopelo

PRE-ESCOLAR: LECCIÓN 11

# Historia de la

## El rey David

*Por Beth Parr*

*Indique a sus estudiantes que se sienten formando un círculo y se pongan una **corona prismática de cartón**. Pídales que se levanten y repitan la frase juntos, cuando usted les indique.*

**Confía en Dios**
(*Alcen sus manos hacia el cielo*)
**Con todo tu corazón**
(*Coloquen sus manos sobre su corazón*)

Los ancianos de Israel estaban buscando un nuevo rey, pero querían estar seguros de que fuera alguien que confiaba en Dios, pues deseaban que su nuevo rey fuera un buen líder.

La gente sabía que Dios había elegido a David para que un día fuera el rey de Israel, así que fueron a un pueblo llamado Hebrón para hablar con David.

Cuando llegaron ante David, le dijeron: "Nosotros somos parte de tu familia, recordamos que tú dirigiste a nuestro pueblo en las batallas y sabemos que Dios te escogió para que un día fueras nuestro rey".

David escuchó todo lo que los ancianos le dijeron y aceptó ser su rey, con la ayuda de Dios. Entonces ellos consagraron a David con el propósito de que todos se enteraran que David era ahora el rey.

**Confía en Dios**
(*Alcen sus manos hacia el cielo*)
**Con todo tu corazón**
(*Coloquen sus manos sobre su corazón*)

David escuchó a Dios y confió en que Dios lo ayudaría para ser un buen gobernante para su pueblo.

En esa época Jerusalén pertenecía a los jebuseos quienes la ocupaban. Pero la ciudad era de gran importancia para David quien quería hacerla su capital. Entonces David llevó a su ejército a Jerusalén para pelear con los jebuseos y sacarlos de la ciudad.

David conquistó a Jerusalén, la reconstruyó y se fue a vivir en ella. David llegó a ser un gran rey porque Dios estaba con él y le ayudaba a tomar buenas decisiones.

**Confía en Dios**
(*Alcen sus manos hacia el cielo*)
**Con todo tu corazón**
(*Coloquen sus manos sobre su corazón*)

David siempre supo que había llegado a ser rey porque Dios lo había escogido, por ello quiso gobernar bien al pueblo de Israel y hacer lo bueno. Quería que la gente siguiera a Dios. David fue un rey muy poderoso porque Dios deseaba que él cuidara a su pueblo.

David reinó durante cuarenta años. Él siguió y confió en Dios, y trató de hacer lo correcto. Eso fue bueno para la gente de Israel y para David.

**Confía en Dios**
(*Alcen sus manos hacia el cielo*)
**Con todo tu corazón**
(*Coloquen sus manos sobre su corazón*)

# En la ZONA  Con la Abeja BZ

## Zumbando el versículo

Escoja a un o una estudiante para que sujete la Biblia abierta en el Salmo 37:3a.

**Diga: Nuestra historia bíblica de hoy nos habla de cuando David llegó a ser rey de Israel, porque David confiaba en que Dios lo ayudaría a hacer el bien.**

Mencione a sus estudiantes el versículo bíblico: "Confía en el Señor y haz lo bueno" (Salmo 37:3a). Pídales que repitan el versículo después de usted.

De espaldas a la clase o escondiendo las manos debajo de una mesa, coloque en su mano el títere de la Abejita BZ (consulte la página 173). Dé vuelta o saque las manos para mostrar el títere a la clase, finja la voz y simule que su títere habla:

**Bzzz. Bzzz. Bzzz, ¡hola a todos y a todas, yo soy la Abejita BZ!**

**Bzzz. Bzzz. Bzzz, estoy volando de un lado a otro y puedo ver que tenemos nuevos amiguitos y amiguitas.**

Acérquese a cada estudiante y anímeles, sin forzarles, para extiendan su mano con la palma hacia arriba. Simule que la Abejita BZ se posa en las manos de sus estudiantes, y dice frases como:

**Mmm. Mmm. Me gusta conocer nuevos amigos. Bzzz. Bzzz. Me encanta**ría que tú fueras mi amiga. Yum. Yum. ¿Podemos ser amigos?

Después de que BZ se haya posado en las palmas de cada estudiante, finja que dice:

**Bzzz. Bzzz. Bzzz. Disfruto mucho hacer nuevos amistades, es tan divertido.**

**Bzzz. Bzzz. Bzzz. Sólo hay algo que me gusta más y es la Biblia.**

**Bzzz. Bzzz. Bzzz. ¿Escucharon, atentamente, la historia bíblica de hoy? ¿Quién llegó a ser el nuevo rey de Israel?** (*David*) **¿Cómo se llama la ciudad a la que se mudó David?** (*Jerusalén*).

**Bzzz. Bzzz. Bzzz. David llegó a ser el nuevo rey de Israel porque Dios estaba con él y lo ayudaba a tomar buenas decisiones. Dios también está con nosotros y es necesario que confiemos en Dios siempre.**

**Bzzz. Bzzz. Bzzz. Vamos a repetir este versículo bíblico juntos: "Confía en el Señor y haz lo bueno" (Salmo 37:3a).**

Exhorte a sus estudiantes para que repitan el versículo bíblico con la Abejita BZ.

Haga que la Abeja BZ se despida de la clase. Puede guardar el títere.

 **Dios está con nosotros y nos ayuda a hacer grandes cosas.**

PRE-ESCOLAR: LECCIÓN 11

Escoja una o más actividades para sumergir a sus estudiantes en la historia bíblica.

**Materiales:**
tocadiscos de discos compactos

**Accesorios de Zona®:**
disco compacto

# Canta y adora

Reproduzca el cántico, "Aplaudid" (**disco compacto, pista 11**). Permita que sus estudiantes se diviertan escuchando y aplaudiendo con la música.

### Aplaudid

¡Aplaudid! ¡Aplaudid! Cántale y alaba en gozo.
¡Aplaudid! ¡Aplaudid! Cántale y alaba en gozo.
¡Aplaudid! ¡Aplaudid!

¡Bueno es Dios!
¡Le damos gloria!
¡Bueno es Dios!
¡Le damos gloria!

LETRA: Handt Hanson y Paul Murakami; trad. Julito Vargas
MÚSICA: Handt Hanson y Paul Murakami
© 1991; trad. © 2008 Changing Church Forum

# Zona de Vida

Escoja una o más actividades para que la Biblia cobre significado en la vida diaria.

## Medallones de confianza

Reproduzca y recorte los círculos con el versículo bíblico de la página 174, necesitará un círculo para cada estudiante.

Entregue a cada estudiante un recuadro de papel de aluminio, el que deberán arrugar hasta formar una pelota. Muéstreles cómo hacer un medallón, colocando las pelotas de aluminio en el suelo y pisándolas hasta que queden planas. Después deberán pegar el versículo bíblico en medio del medallón. Perfore el medallón y ayúdeles a introducir un pedazo de hilo de tejer por el agujero. Sus estudiantes podrán pasar el hilo de tejer por los pedazos de sorbete para hacer más resistente el collar. Ate los extremos del hilo para que se lo puedan poner.

**Diga: Hoy escuchamos la historia de cuando David se convirtió en rey de Israel. Esto sucedió porque confió en Dios y en que Dios le ayudaría a saber cómo actuar. Nosotros llevamos puestos nuestros medallones de confianza para recordar que Dios siempre está con nosotros y podemos confiar en que Dios también nos ayuda.**

**Materiales:**
página 174
tijeras
papel de aluminio
perforadora
hilo de tejer
pedazos de sorbetes (popote) de colores neón de 1 pulgada de largo
pegamento

**Accesorios de Zona®:**
ninguno

## Búsqueda de confianza

Reproduzca las ilustraciones de los niños y las niñas (**Reproducible 11B**), necesitará sólo un juego para esta actividad, pero si lo desea, puede hacer una copia para que cada estudiante se lo lleve a su casa. Recorte los recuadros.

Pida a un ayudante que saque del salón a sus estudiantes, sólo por un momento; mientras usted esconde las ilustraciones por el salón.

Indique que regresen al salón.

**Diga: He escondido unas ilustraciones en algunos lugares del salón. Ustedes deben buscarlas y cuando encuentren una pueden sentarse formando un círculo.**

Permita que busquen las ilustraciones por el salón y cuando hayan encontrado todos los recuadros, deje que cada estudiante sostenga en alto la ilustración que encontró y diga lo que ve en ella.

Después que describan cada recuadro, guíe a sus estudiantes para que repitan juntos: "Dios siempre está con nosotros". Haga notar que Dios está con el niño y la niña de la ilustración y también Dios está con nosotros.

**Materiales:**
Reproducible 11B
tijeras

**Accesorios de Zona®:**
ninguno

# de Vida

Escoja una o más actividades para que la Biblia cobre significado en la vida diaria.

**Materiales:**
cartulina
tijeras
pintura al temple
almíbar de maíz
detergente líquido para trastes
recipiente desechable con tapa de 13 por 9 pulgadas
tazas de medir
canicas
tazones pequeños
cucharas desechables
liguilla
engrapadora

**Accesorios de Zona®:**
ninguno

## Coronas del rey que confía

**Diga: Vamos a hacer unas coronas, que podremos llevarnos a casa, para recordarnos que así como el rey David confió en Dios, nosotros también podemos confiar en Dios.**

Proporcione a cada estudiante una franja de cartulina de 12 por 3 pulgadas que será la parte frontal de la corona.

Mezcle la pintura al temple líquida, 4 cucharadas de almíbar de maíz y 1 ½ cucharadas de detergente líquido para hacer una pintura muy brillante; revuelva hasta obtener una crema uniforme. Vierta la pintura en tazones pequeños. Permita que, por turnos, sus estudiantes coloquen las franjas de cartulina sobre el recipiente con tapa de plástico. Deberán también meter las canicas en la pintura del color que prefieran para después sacarlas con una cuchara y llevarlas hasta el recipiente. Coloque la tapa al recipiente, permita que muevan el recipiente para que las canicas rueden y coloreen las franjas de cartulina. Retiren las franjas y déjenlas secar. Para formar las coronas, engrape liguillas en los extremos de las franjas, lo suficientemente largas para que se ajusten a la cabeza de cada estudiantes.

**Diga: Nosotros podemos ser con el rey David y confiar en Dios, pues Dios nos ayudará a hacer lo bueno.**

**Materiales:**
Biblia,
tocadiscos de discos compactos

**Accesorios de Zona®:**
ninguno

## Adoración estupenda

Indique a sus estudiantes que se sienten en el área de historias. Ponga la música del disco compacto y muéstreles el oso feliz.

**Diga: Podemos confiar en que Dios está siempre con nosotros y nos ayudará a hacer lo bueno. Voy a pasar el oso feliz, alrededor del círculo y cuando la música se detenga, quien tenga al oso feliz, se pondrá de pie y nos guiará para repetir el versículo bíblico "Confía en el Señor y haz lo bueno" (Salmo 37:3a).**

**Oren: Amado Dios, nos sentimos felices de saber que tú siempre estás con nosotros y de que podemos confiar en ti. Ayúdanos a hacer lo bueno. Amén.**

Haga una fotocopia de Zona Casera® para cada estudiante de su clase.

# Casera para padres

**Versículo bíblico**
Confía en el Señor y haz lo bueno.
Salmo 37:3a

**Historia bíblica**
2 Samuel 5:1-12

La historia de hoy nos narra los momentos cuando David se convirtió en rey de todo el pueblo de Israel. Dios había escogido a David para ser rey desde hacía muchos años, y ahora había llegado el momento para que David ocupara su lugar.

El pueblo quería un rey con un liderato fuerte que confiara en Dios. Recordaron la promesa que Dios le había hecho a David de que un día él sería el rey. David confiaba en Dios y sabía que siempre estaba con él, y que le había elegido para ser el rey.

David y su ejército derrotaron a los jebuseos e iniciaron la reconstrucción de la ciudad de Jerusalén. Como David confiaba en Dios, el pueblo sabía que Dios siempre ayudaría al rey David a tomar buenas decisiones.

Cuando compartimos esta historia con la niñez, nuestra intención es que los niños y las niñas sepan que David escuchó a Dios y por eso llegó a ser un gran rey, porque había confiado en que Dios siempre lo ayudaría. Podemos confiar en que Dios nos ayuda a hacer lo bueno y que siempre está con nosotros. Es por esto que lograremos hacer grandes cosas con la ayuda de Dios.

## Golosinas de rey

Cocine algunos pastelito con su hijo o hija. Permítale que le ayude midiendo los ingredientes y revolviendo la masa. Una vez que los pastelitos se hayan enfriado, puede glasearlos y añadirle dulces de colores para hacerlos vistosos.

Mientras disfrutan de sus pastelitos, recuerde a su hijo o hija la historia de cómo David llegó a ser el rey de Israel, comente que David sabía que Dios estaba con él, tal como sabemos que Dios está con nosotros siempre.

**Dios está con nosotros y nos ayuda a hacer grandes cosas.**

Permiso de fotocopiado otorgado para el uso de la iglesia local. © 2008 Abingdon Press.

PRE-ESCOLAR: LECCIÓN 11

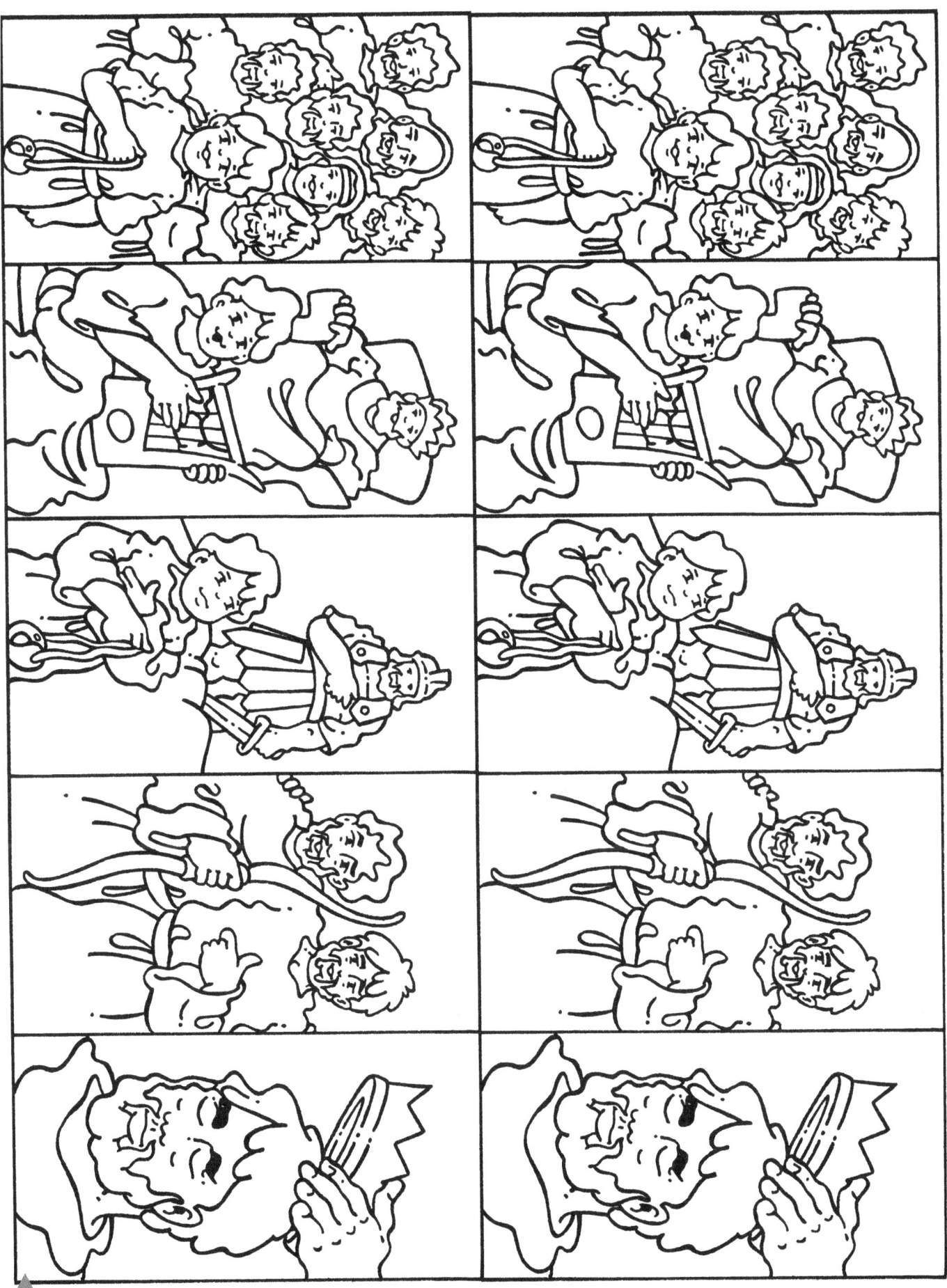

Reproducible 11A

PRE-ESCOLAR: LECCIÓN 11 **Reproducible 11B**
Permiso de fotocopiado otorgado para el uso de la iglesia local. © 2008 Abingdon Press.

# David unifica el reino

## Entra a la ZONA

### Versículo bíblico
Tú eres Señor, eres Dios, y tus palabras son verdaderas.

Samuel 7:28a

### Historia bíblica
2 Samuel 6:1-19; 7:18-29

El arca del Señor era un cofre sagrado, sumamente reverenciado por el pueblo de Israel. El arca era el cofre especial que guardaba en su interior los Diez Mandamientos. Entre el pueblo el arca se relacionaba con la presencia de Dios.

David y sus soldados fueron a Baalá de Judá para trasladar de allí el cofre sagrado hasta Jerusalén. El pueblo estaba muy emocionado y contento porque el arca de Dios estaría en Jerusalén. Así que tocaron arpas, panderos, címbalos y castañuelas; además bailaron para dar alabanza y gracias a Dios.

David encabezó la procesión de entrada a Jerusalén, fue un grandioso día de celebración. Colocaron el cofre sagrado en una tienda especial que el rey David había dispuesto y luego adoró a Dios ante el arca.

Dios le prometió a David que siempre estaría con él, que lo bendeciría junto a su descendencia. Dios le prometió que de sus descendientes surgirían reyes.

David estaba sobrecogido y agradecido por la bondad de Dios hacia él y su familia. Dio gracias a Dios por todas las bendiciones que había traído a su vida, y por la promesa de que de su descendencia se escogerían reyes. Adoró a Dios por su gran poder y por todas sus bondades. David sabía que él y su familia debían continuar sirviendo a Dios.

Éste fue un gran momento para el pueblo de Israel, pues tenían un buen rey que adoraba y seguía a Dios; además el arca del Señor estaba ahora en Jerusalén. Tenían mucho que celebrar con música y danzas.

Los niñitos y las niñitas disfrutan las fiestas, ya que en ellas hay mucha diversión. Cuando compartamos esta historia, debemos concentrarnos en la alegría que le produjo al pueblo el que David fuera su rey y que Dios estuviera con ellos. Disfrutaremos el tiempo alabando y dando gracias a Dios.

# Podemos confiar en que Dios cumple sus promesas.

## Vistazo a la

| ZONA | TIEMPO | MATERIALES | ⓞ ACCESORIOS DE ZONA® |
|---|---|---|---|
| **Acércate en la Zona** | | | |
| Un cofre sagrado | 10 minutos | ver la página 144 | disco compacto, corona de terciopelo, mini flautas, maracas |
| Narra la historia de David | 5 minutos | Transparencia 3, papel de periódico o plástico, papel mural o sábana, cinta adhesiva, marcadores | corona de terciopelo |
| Castañuelas marinas | 5 minutos | conchas perforadas, hilo de tejer o cinta, crayones, toca-discos de discos compactos | disco compacto |
| **ZONA Bíblica®** | | | |
| Tal cual somos | 5 minutos | ninguno | corona de terciopelo |
| David unifica al reino | 5 minutos | ninguno | mini flautas, maracas |
| Zumbando el versículo | 5 minutos | Biblia y Abeja BZ | ninguno |
| Canta y adora | 5 minutos | tocadiscos de discos compactos, cofre sagrado | disco compacto, mini flautas, marcas, coronas prismáticas |
| **Zona de Vida** | | | |
| Caja de promesas | 10 minutos | Reproducible 12A, crayones o marcadores, tijeras, cajas pequeñas, papel de metal para envolver, pegamento "joyas" (cuentas, conchas, botones, etcétera) | ninguno |
| Flauta de alabanza | 5 minutos | Ver la página 149 | ninguno |
| Promesas eternas | 10 minutos | Reproducible 12B, crayones o marcadores, agujillas para papel, tijeras, perforadora, platos desechables medianos, pegamento | ninguno |
| Adoración estupenda | 5 minutos | Biblia, tocadiscos de discos compactos | oso feliz, disco compacto |

ⓞ Los Accesorios de Zona® se encuentran en el **Paquete de DIVERinspiración®**.

PRE-ESCOLAR: LECCIÓN 12

# Acércate a la

Escoja una o más actividades para capturar el interés de sus estudiantes.

**Materiales:**
caja de cartón
papel de periódico
esponjas
pintura al temple dorada
escarcha de brillo dorada
2 clavijas de madera de 36 a 48 pulgadas
tocadiscos de discos compactos
tijeras

**Accesorios de Zona®:**
disco compacto
corona de terciopelo
mini flautas
maracas

**Materiales:**
Transparencia 3
marcadores
hoja grande de papel o sábana
cinta adhesiva
papel de periódico o plástico

**Accesorios de Zona®:**
corona de terciopelo

**Materiales:**
conchas perforadas
hilo de tejer o cinta
crayones
tocadiscos de disco compacto

**Accesorios de Zona®:**
disco compacto

## Un cofre sagrado

Tome una caja de cartón y colóquela sobre papel de periódico en el piso. Perfore cada esquina de los bordes en la parte superior, para pasar las clavijas de madera para sostener el cofre sagrado. Permita que sus estudiantes pinten la caja con la mezcla de la pintura al temple dorada y la escarcha de brillo dorada. Una vez que la caja se haya secado, deje que le ayuden a pasar las clavijas de madera por los orificios.

**Diga: Hemos escuchado muchas historias sobre David. Hoy escucharemos que David llevó el arca del Señor, el cofre sagrado hasta Jerusalén. La gente estaba tan feliz y contenta de que David fuera su rey y de que el arca del Señor estuviera con ellos, que cantaron y danzaron.**

Mientras toca música del disco compacto, permita que sus estudiantes marchen y bailen alrededor del salón, tocando las mini flautas y las maracas. Cuatro estudiantes pueden llevar el arca y otro u otra, puede ponerse la corona de terciopelo como si fuera el rey David dirigiendo la procesión.

## Narra la historia de David

Continúen coloreando las imágenes del laberinto (**Transparencia 3**) si aún no las han terminado. Lleve puesta la corona para dirigir a sus estudiantes por el laberinto. Deténganse en la ilustración donde David está siendo coronado rey, pregúnteles qué recuerdan sobre esta historia.

**Diga: Ya escuchamos la historia de cuando Dios escogió a David para ser rey. Hoy escucharemos lo alegre que estaba la gente de que David fuera su rey, y también de cómo David trajo el cofre sagrado a Jerusalén.**

Siga caminando por el laberinto y anime a sus estudiantes a que compartan lo que recuerden sobre las historias de las otras ilustraciones.

## Castañuelas marinas

Antes de la clase, haga unas pequeñas perforaciones en la parte superior de las conchas y proporcione a cada estudiantes dos de ellas. Permita que coloreen las conchas con los crayones. Ayúdeles a pasar hilo de tejer o cinta por los agujeros de tal forma que las conchas queden de frente. Sus estudiantes pueden pasar algún tiempo tocando sus castañuelas al ritmo de la música del disco compacto.

**Diga: La gente estaba muy alegre cuando el rey David trajo el cofre sagrado a Jerusalén; ellos cantaron y danzaron, dando gracias a Dios.**

Escoja una o más actividades para sumergir a sus estudiantes en la historia bíblica.

# Tal cual somos

**Diga:** Dios eligió a David para ser el rey de Israel y el pueblo se alegró mucho de que David fuera su nuevo rey. David trajo el cofre sagrado a Jerusalén. Toda la gente cantó y bailó de felicidad. Dios le prometió a David que de entre sus descendientes saldrían reyes. Dios creó cada cual de manera especial. David le dio gracias a Dios por haberlo elegido por rey y por todas las cosas buenas que Dios había hecho. Ahora es tiempo de jugar "sígueme".

Al final del juego, elija a un o una estudiante para que se ponga la corona de terciopelo y dirija al resto de la clase hasta el área de historias.

**Materiales:**
ninguno

**Accesorios de Zona®:**
corona de terciopelo

**Dios nos ama tal cual somos.**
(Señálense y abrácense a sí mismos)
**Podemos ser altos.**
(Pónganse de pie o caminen de puntas)
**Podemos ser pequeños.**
(Pónganse en cuclillas)
**Dios nos ama tal cual somos.**
(Aplaudan dos veces)

**Dios nos ama tal cual somos.**
(Señálense y abrácense a sí mismos)
**Podemos tener pelo largo.**
(Finjan cepillarse el pelo)
**Podemos tener pelo corto.**
(Señalen con su mano el pelo)
**Dios nos ama tal cual somos.**
(Den dos pisotones)

**Dios nos ama tal cual somos.**
(Señálense y abrácense a sí mismos)
**Quizás nos gusta pintar.**
(Simulen pintar sobre un caballete)
**Quizás nos gusta cantar.**
(Canten "La, la, la")
**Dios nos ama tal cual somos.**
(Salten dos veces)

**Dios nos ama tal cual somos.**
(Señálense y abrácense a sí mismos)
**Quizás nos gusta bailar.**
(Bailen por todas partes)
**Quizás nos gustar leer.**
(Junten sus manos como un libro abierto)
**Dios nos ama tal cual somos.**
(Sacúdanse dos veces)

**Dios nos ama tal cual somos.**
(Señálense y abrácense a sí mismos)
**Podemos necesitar anteojos.**
(Ahuequen sus manos alrededor de sus ojos)
**Podemos necesitar audífonos.**
(Señalen su oreja)
**Dios nos ama tal cual somos.**
(Giren en su lugar dos veces)

**Dios nos ama tal cual somos.**
(Señálense y abrácense a sí mismos)
**Podemos escuchar a Dios.**
(Ahuequen su mano sobre su oreja)
**Podemos seguir a Dios.**
(Marchen en su lugar)
**Dios nos ama tal cual somos.**
(Aplaudan dos veces)

# Historia de la  Bíblica

## David unifica al reino

*Por Beth Parr*

*Indique a sus estudiantes que se sienten formando un círculo. Entregue a cada niño y niña una mini flauta o una maraca para que toquen en las frases repetitivas.*

**Feliz, feliz, feliz.**
(*Sus estudiantes deberán tocar sus flautas y maracas.*)

La gente se encontraba a los lados de las calles, observando algo maravilloso que ocurría: el rey David traía a Jerusalén el arca del Señor.

**Bailen, bailen, bailen.**
(*Sus estudiantes deberán tocar sus flautas y maracas.*)

El rey David bailaba en la calle, estaba feliz de que el cofre sagrado estuviera en Jerusalén. El encabezaba la celebración y la gente lo seguía mientras bailaban también.

**Toquen, toquen, toquen.**
(*Sus estudiantes deberán tocar sus flautas y maracas.*)

Algunas personas tocaban arpas y otros instrumentos de cuerda, cantaban y tocaban, pues querían alabar a Dios; querían darle gracias a Dios por haberles dado un rey estupendo como el rey David.

**Suenen, suenen, suenen.**
(*Sus estudiantes deberán tocar sus flautas y maracas.*)

Había gente que tocaba címbalos, cantaban tocaban. Celebraban que el rey David había traído el cofre sagrado a Jerusalén. Todos alababan a Dios.

**Tintinea, tintinea, tintinea.**
(*Sus estudiantes deberán tocar sus flautas y maracas.*)

Mientras, otros tocaban las panderetas, cuando las panderetas tintineaban, el pueblo sonreía y cantaba. Amaban a Dios y Dios estaba con ellos. Dios había cumplido su promesa. David era su nuevo rey.

**Alaba, alaba, alaba.**
(*Sus estudiantes deberán tocar sus flautas y maracas.*)

Los hombres que llevaban el arca del Señor lo colocaron en la tienda que el rey David había preparado. Una vez que estuvo adentro, David fue y alabó a Dios frente al cofre sagrado. David sabía que Dios era amoroso y poderoso. El deseaba darle lo mejor a Dios.

**Agradece, agradece, agradece.**
(*Sus estudiantes deberán tocar sus flautas y maracas.*)

El rey David le dio gracias a Dios por amarlo y por cumplir sus promesas. Dios le prometió que de sus descendientes surgirían reyes. Esto hizo muy feliz a David. El le dio gracias a Dios por bendecir a su familia.

# En la ZONA con la Abeja BZ

## Zumbando el versículo

Escoja a un o una estudiante para que sujete la Biblia abierta en 2 Samuel 7:28a.

**Diga: Nuestra historia bíblica de hoy trata del rey David. Dios había prometido que David llegaría a ser rey. El fue un buen rey que siguió a Dios.**

Repita el versículo bíblico a sus estudiantes: "Tú eres Señor, eres Dios, y tus palabras son verdaderas" (2 Samuel 7:28a). Pida a sus estudiantes que repitan el versículo después de usted.

De espaldas a la clase o escondiendo las manos debajo de una mesa, coloque en su mano el títere de la Abeja BZ (consulte la página 173). Dé la vuelta o saque las manos para mostrar el títere, finja la voz y simule que su títere habla:

**Bzzz. Bzzz. Bzzz, ¡hola a todos y a todas, yo soy la Abejita BZ!**

**Bzzz. Bzzz. Bzzz, estoy volando de un lado a otro y puedo ver que tenemos nuevos amiguitos y amiguitas.**

Acérquese a sus estudiante y anímeles, sin forzarles, para que extiendan sus manos con las palmas vueltas hacia arriba. Simule que la Abejita BZ se posa en las palmas de cada estudiante y que dice frases como:

Mmm. Mmm. Me gusta conocer nuevos amigos. Bzzz. Bzzz. Me encantaría que tú fueras mi amiga. Yum. Yum. ¿Podemos ser amigos?

Después de que BZ se haya posado en las palmas de cada estudiante simule que dice:

**Bzzz. Bzzz. Bzzz. Disfruto mucho hacer nuevas amistades, es tan divertido.**

**Bzzz. Bzzz. Bzzz. Sólo hay algo que me gusta más, es la Biblia.**

**Bzzz. Bzzz. Bzzz. ¿Escucharon, atentamente, la historia bíblica de hoy? ¿Cómo se llama el rey de la historia?** (*David*) **¿Qué trajo el rey David a Jerusalén?** (*El arca del Señor, el cofre sagrado*) **¿Cómo se sentía la gente?** (*Estaban muy felices*)

**Bzzz. Bzzz. Bzzz. Dios había prometido que un día David sería rey. Cuando David se convirtió en rey, ayudó a la gente a adorar a Dios. David confiaba en Dios. Nosotros podemos confiar también en que Dios cumple sus promesas.**

**Bzzz. Bzzz. Bzzz. Vamos a repetir este versículo bíblico juntos: "Tú eres Señor, eres Dios, y tus palabras son verdaderas" (2 Samuel 7:28a).**

Invite a sus estudiantes a que repitan el versículo bíblico con la Abejita BZ.

Haga que la Abejita BZ se despida de la clase y después podrá guardar el títere.

**Podemos confiar en que Dios cumple sus promesas.**

Escoja una o más actividades para sumergir a sus estudiantes en la historia bíblica.

**Materiales:**
tocadiscos de discos compactos
cofre sagrado elaborado anteriormente

**Accesorios de Zona®:**
disco compacto
maracas
mini flautas
coronas prismáticas

# Canta y adora

Toque el cántico "Todos alaben" (**disco compacto, pista 12**). Repita el cántico para que sus estudiantes se diviertan tocando las maracas y las mini flautas; también pueden llevar puestas las coronas prismáticas mientras otros marchan con el "arca del Señor" nuevamente.

### Todos alaben

Todos alaben,
aleluya.
Alabemos al Señor.

Al son de la trompeta,
con el laúd y el arpa.
Con el pandero y con danza
alabemos al Señor.

Todos alaben,
aleluya.
Alabemos al Señor.

Alábenlo en su santuario
por sus proezas y hechos.
Por su misericordia.
alabemos al Señor.

Todos alaben,
aleluya.
Alabemos al Señor.

Alabemos día y noche
en la en la tierra y en el mar
Por toda la creación
alabemos al Señor.

Todos alaben,
aleluya.
Alabemos al Señor.

Alabemos al Señor.

LETRA: J. Jefferson Cleveland; trad. por Diana Beach
MUSICA: J. Jefferson Cleveland
© 1981; trad. © 2008 J. Jefferson Cleveland

ZONA BÍBLICA®

 de Vida

Escoja una o más actividades para que la Biblia cobre significado en la vida diaria.

# Mi caja de promesas

Reproduzca para cada estudiantes las ilustraciones de las promesas (**Reproducible 12A**). Permítales colorear las ilustraciones y ayúdeles a recortarlas. Conversen sobre las imágenes.

El corazón nos recuerda que Dios promete amarnos.
Las manos nos recuerdan que Dios promete ayudarnos.
Los pies nos recuerdan que prometemos seguir a Dios.
Las orejas nos recuerdan que prometemos escuchar a Dios.
El abrazo nos recuerda que Dios promete estar con nosotros siempre.

**Diga: Hoy escuchamos la historia de cuando David se convirtió en el rey de Israel. Dios había prometido que un día David sería rey. Dios también nos hace promesas a nosotros. Vamos a decorar algunas cajas que nos recuerden el cofre sagrado, el arca del Señor que David trajo a Jerusalén. Pondremos nuestras promesas dentro para recordar las promesas que Dios nos hace y las que nosotros hacemos.**

Reparta las cajas, una a cada estudiante. Permítales decorar las cajas pegando por su superficie pedazos de papel metálico. Proporcióneles algunas "joyas" que puedan pegarse sobre la caja. Escriba en la parte superior: "Caja de promesas de (nombre del o la estudiante)".

**Materiales:**
Reproducible 12A
crayones o marcadores
tijeras
cajas pequeñas
papel metálico para envolver pegamento
"joyas" (cuentas, conchas, botones, etcétera)

**Accesorios de Zona®:**
ninguno

# Flauta de alabanza

Proporcione a cada estudiante un tubo de cartón y permítales que lo decoren con papel autoadherible de colores. Haga cuatro o cinco perforaciones en el tubo en línea recta, de un solo lado, serán los orificios de la flauta. Corte la base de un vaso desechable y permita que sus estudiantes lo adornen con etiquetas engomadas. Sus estudiantes deberán usar cinta adhesiva de color para unir los bordes del vaso a la parte inferior del tubo de cartón. Cubra la parte del vaso que quedó abierta con un trozo de papel encerado, use el pegamento para fijarlo.

Muestre a sus estudiantes cómo zumbar en el tubo y cambie de lugar sus dedos sobre los agujeros para cambiar el sonido.

**Diga: La gente estaba muy emocionada de ver que la promesa de Dios se había hecho realidad y alabaron a Dios con música. Nosotros también podemos alabar a Dios con música, porque también nos alegramos de que podemos confiar en que Dios cumple sus promesas.**

Permita a sus estudiantes que hagan un desfile de alabanza mientras usted toca la música del disco compacto.

**Materiales:**
etiquetas engomadas
tubos de cartón
pedazos de papel autoadherible de colores
vasos desechables de 4 onzas
cinta adhesiva de color
papel encerado
tijeras
liguillas
tocadiscos de disco compacto

**Accesorios de Zona®:**
disco compacto

 de Vida

Escoja una o más actividades para que la Biblia cobre significado en la vida diaria.

**Materiales:**
Reproducible 12B
crayones o marcadores
pegamento
agujillas para papel
tijeras
perforadora
platos desechables de papel

**Accesorios de Zona®:**
ninguno

# Promesas eternas

Reproduzca la cara del reloj y sus manecillas (**Reproducible 12B**) para cada estudiante y recórtelos antes de su clase.

**Diga: Podemos confiar en que Dios cumple sus promesas. Vamos a hacer un reloj que nos recuerde que podemos confiar en Dios todo el tiempo.**

Proporcione a cada estudiante un plato de papel desechable para que coloree el contorno; deben colorear también la cara del reloj para que puedan pegarla en el centro del plato. Ayúdeles a perforar el centro del reloj y las manecillas.

Muestre a sus estudiantes cómo pasar las agujillas para papel a través de las manecillas del reloj en el centro del reloj.

**Diga: Podemos confiar en que Dios cumple siempre sus promesas. Giremos las manecillas del reloj para indicar diferentes horas, mientras recitamos.**

Promesas, promesas que Dios mantendrá.
Aún cuando dormimos sus promesas cumplirá.
Cuando juegas, cuando duermes o despierto estás,
Dios siempre de ti y de mí atento está.

**Materiales:**
Biblia
tocadiscos de discos compactos

**Accesorios de Zona®:**
oso feliz
disco compacto

# Adoración estupenda

Indique a sus estudiantes que se sienten en el área de historias y muéstreles el oso feliz. Toque la música del disco compacto.

**Diga: Podemos confiar en que Dios siempre cumple sus promesas. Dios cuidará de ustedes y de mí. Voy a pasar al oso feliz alrededor del círculo, en cuanto se detenga la música, quien en ese momento tenga al oso feliz deberá guiarnos para repetir nuestro versículo bíblico: "Tú eres Señor, eres Dios, y tus palabras son verdaderas" (2 Samuel 7:28a).**

**Ore: Amado Dios, nos sentimos felices de saber que tú siempre estás con nosotros y que siempre cumples tus promesas. Gracias por amarnos. Amén.**

Haga una fotocopia de Zona Casera® para cada estudiante de su clase.

Zona Bíblica®

# Casera para padres

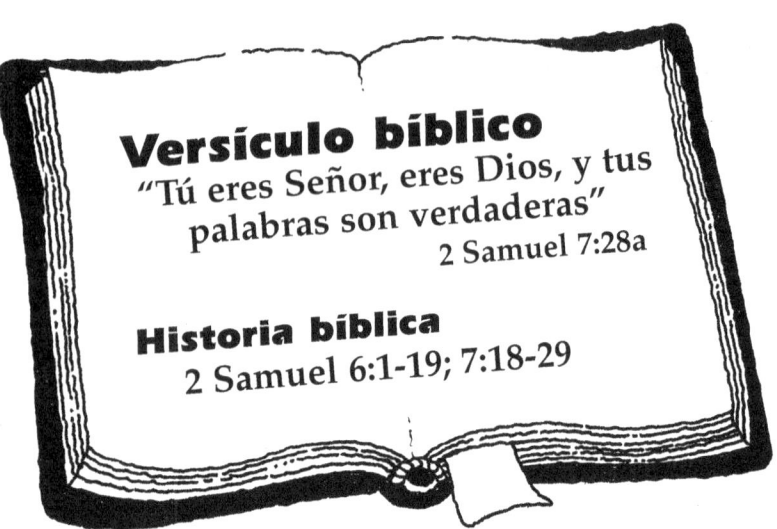

**Versículo bíblico**
"Tú eres Señor, eres Dios, y tus palabras son verdaderas"
2 Samuel 7:28a

**Historia bíblica**
2 Samuel 6:1-19; 7:18-29

La historia de hoy nos narró cómo Dios cumplió la promesa que le había hecho a David de que un día sería rey de Israel. También le prometió que de sus descendientes surgirían reyes.

David y su ejército fueron a Baalá de Judá para buscar el arca del Señor y traerlo a Jerusalén. Este era un cofre sagrado muy especial que en su interior se guardaba los Diez Mandamientos. Para el pueblo de Israel, el arca simbolizaba la presencia de Dios entre ellos.

El pueblo se puso muy contento de que el arca del Señor viniera a Jerusalén. El rey David encabezó la procesión, alabó a Dios bailando frente al arca. La gente tocó sus arpas, címbalos, panderetas y castañuelas como adoración a Dios.

David estaba sobrecogido y agradecido por todas las bondades de Dios hacia él y su familia. Dio gracias a Dios por todas las bendiciones que le había dado a su vida.

Éste fue un gran momento para el pueblo de Israel, pues tenían un buen rey que adoraba y seguía a Dios; además el arca del Señor estaba ahora en Jerusalén. El pueblo tenían muchas cosas que celebrar con música y danzas.

Los niñitos y las niñitas disfrutan mucho las fiestas. Al compartir esta historia, nos concentramos en la felicidad que le produjo al pueblo que David fuera su rey y que Dios estuviera con ellos. Al final celebramos alabando a Dios.

## Paletas de alabanza

Disfrute con su hijo o hija haciendo paletas de galleta, mientras conversan de las cosas que hacen juntos, por las que dan gracias a Dios.

Coloque sobre un plato una galleta con la parte plana hacia arriba. Unte una capa de escarchado de dulce sobre la galleta. Coloque un palito de madera sobre el merengue para crear un asa. Cubra con otra galleta. Si lo desea puede añadir otra capa de escarchado y otra galleta.

Opciones: Licúe 16 onzas de yogurt de vainilla con 4 cucharadas de polvo de cocoa y 4 cucharadas de azúcar moscabada. Vierta la mezcla en tazas pequeñas y cúbralas con papel de aluminio. Introduzca en la mezcla un palito de paleta a través del papel de aluminio y refrigere. Una vez que se haya congelado, puede retirar el papel de aluminio y disfrutar su paleta de alabanza.

**Podemos confiar en que Dios cumple sus promesas.**

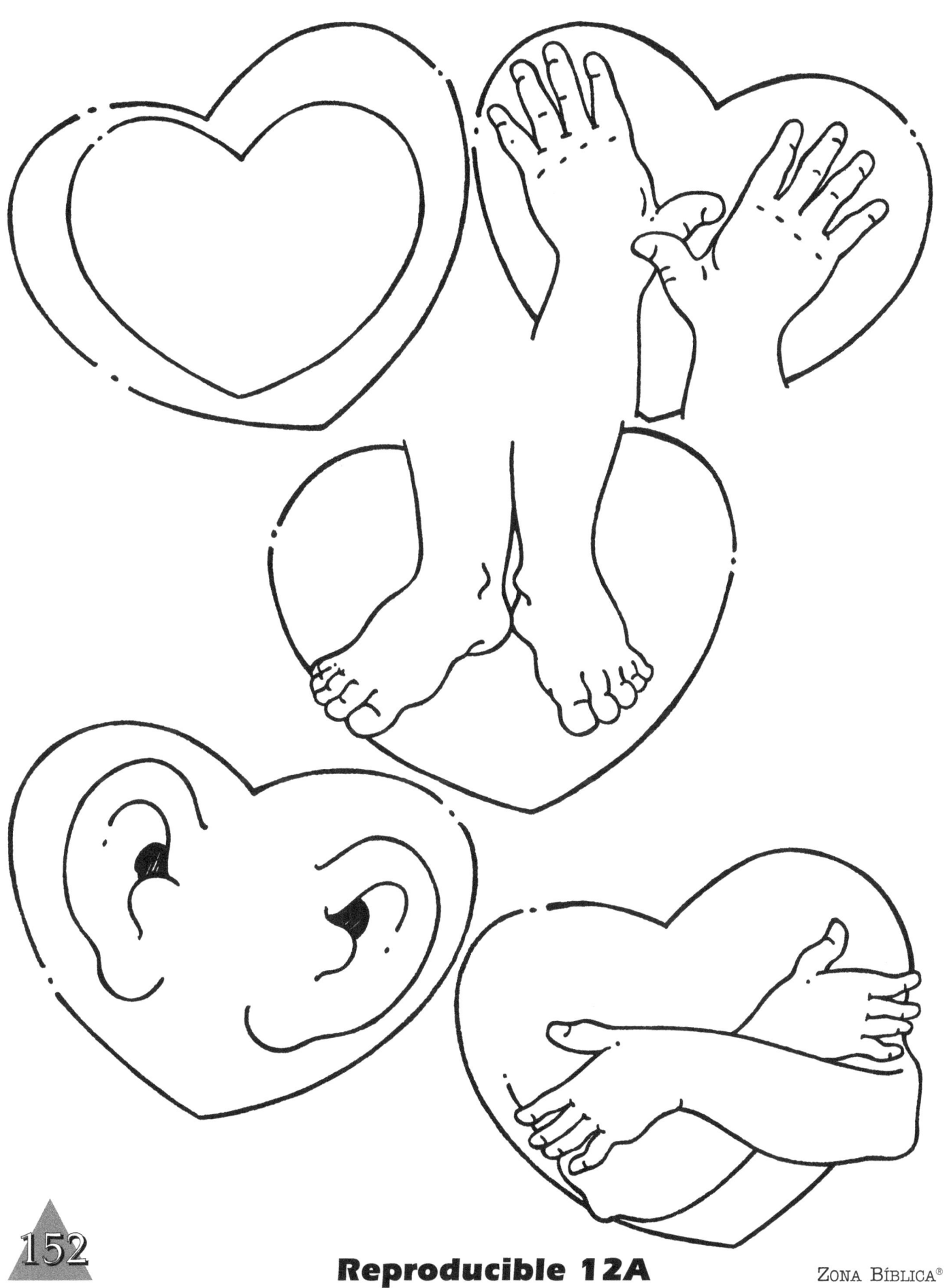

PRE-ESCOLAR: LECCIÓN 12  **Reproducible 12B**
Permiso de fotocopiado otorgado para el uso de la iglesia local. © 2008 Abingdon Press.

# Salomón el rey sabio

## Entra a la ZONA

### Versículo bíblico
Cumple las ordenanzas del Señor, tu Dios, haciendo su voluntad y cumpliendo sus leyes.

1 Reyes 2:3a

### Historia bíblica
1 Reyes 2:1-4; 3:3-15

Dios prometió a David que sus descendientes también surgirían reyes de Israel, así que justo antes de morir, David llamó a su hijo Salomón.

El rey David le pidió a su hijo que fuera fuerte y valiente; le dijo que dependiera siempre de la dirección de Dios. El rey David también le aconsejó a Salomón que cumpliera las ordenanzas de Dios. David sabía que sus descendientes debían escuchar a Dios y obedecer sus mandamientos.

El rey David le dijo a su hijo que si seguía los mandamientos de Dios y le obedecía, llegaría a ser un gran rey. David se aseguró de que Salomón entendiera que Dios cumpliría su promesa siempre y cuando los descendientes de David fueran obedientes a Dios.

Los consejos que David le dio a Salomón fueron usados a través de los tiempos como una regla de vida para los reyes de Israel. David se convirtió en la referencia bajo la cual se juzgaron a todos los reyes en la historia de Israel. En todo el Antiguo Testamento se usó a David como regla de medida para comparar que tan bueno era un gobernante.

Salomón escuchó el consejo de su padre. También habló con Dios y le pidió que le diera sabiduría para así poder tomar buenas decisiones para gobernar bien a su pueblo, Salomón le pidió a Dios que le enseñara la diferencia entre el bien y el mal.

Tal vez los niñitos y las niñitas no comprendan todas las implicaciones de la promesa que Dios le hizo a David, de que alguien de su familia siempre ocuparía el trono de Israel. Sin embargo, si pueden comprender el que un padre comparta tiempo con su hijo, esto les es muy natural. David dedicó tiempo a Salomón, instruyéndole sobre cómo debía vivir. David le aconsejó: "Escucha a Dios y haz lo que Dios te pida; vive de la manera que Dios desea que tú vivas".

Se esperaba que todos los gobernantes que descendieran de la familia de David fueran obedientes a Dios en todos los aspectos. Ellos debían ayudar a su pueblo a tener una relación más cercana con Dios. Salomón fue el primer gobernante que descendía de la casa de David.

# Podemos pedir sabiduría y entendimiento a Dios.

## Vistazo a la

| ZONA | TIEMPO | MATERIALES | ACCESORIOS DE ZONA |
|---|---|---|---|
| **Acércate en la Zona** | | | |
| Un árbol genealógico | 5 minutos | ver la página 156 | ninguno |
| Narra la historia de David | 5 minutos | Transparencia 3, papel de periódico o plástico, papel mural o sábana, cinta adhesiva, marcadores | corona de terciopelo |
| La corona de Salomón | 5 minutos | guirnalda con estrellas, figuras de hule espuma, perforadora o tijeras | ninguno |
| **ZONA Bíblica** | | | |
| Tal cual somos | 5 minutos | ninguno | corona de terciopelo |
| Salomón, el rey sabio | 5 minutos | ninguno | ninguno |
| Zumbando el versículo | 5 minutos | Biblia y Abeja BZ | ninguno |
| Canta y adora | 5 minutos | tocadiscos de discos compactos | disco compacto, mini flautas, marcas, coronas prismáticas |
| **Zona de Vida** | | | |
| Bueno y malo | 5 minutos | Reproducible 13B, crayones o marcadores, tijeras | ninguno |
| Seguimos el camino de Dios | 10 minutos | ver la página 161 | ninguno |
| Oro a Dios | 10 minutos | ver la página 162 | ninguno |
| Adoración estupenda | 5 minutos | Biblia, tocadiscos de discos compactos | oso feliz, disco compacto |

Los Accesorios de Zona® se encuentran en el **Paquete de DIVERinspiración®**.

# Acércate a la ZONA

Escoja una o más actividades para capturar el interés de sus estudiantes.

**Materiales:**
Reproducible 13A
crayones o marcadores
tijeras
pegamento
papel blanco de dibujo o papel de construcción
batas de pintor o playeras grandes
pintura al temple color café
bandeja o recipiente
agua jabonosa tibia
toallas de papel

**Accesorios de Zona®:**
ninguno

## Un árbol genealógico

Reproduzca, para cada estudiante, las ilustraciones de David y Salomón (**Reproducible 13A**), y pida que las coloreen con crayones o marcadores, después podrán recortarlas.

Es necesario que sus estudiantes tengan puestas sus batas de pintar. Proporcione a cada niño y niña un pedazo de papel de dibujo o papel de construcción. Vierta en una bandeja o recipiente y un poco de pintura al temple color café. Sus estudiantes deberán entintar su antebrazo y mano colocándolos sobre la pintura en la bandeja, después los imprimirán sobre el papel para dejar una impresión con forma de un árbol. Si extienden sus dedos se podrán distinguir mejor las ramas. Laven sus manos y brazos en el agua jabonosa tibia. Ahora pueden pegar las láminas de David y Salomón sobre el árbol.

**Diga: El rey David tuvo un hijo llamado Salomón. Tal como Dios le había prometido, Salomón se convirtió en rey después de él. David le dijo a Salomón que siempre escuchara a Dios y viviera siguiendo sus mandamientos.**

**Materiales:**
Transparencia 3
marcadores
papel para mural o sábana
cinta adhesiva
papel de periódico o plástico

**Accesorios de Zona®:**
corona de terciopelo

## Narra la historia de David

Continúen coloreando las ilustraciones del laberinto de la (**Transparencia 3**) si aún no las han terminado. Lleve puesta la corona para dirigir a sus estudiantes por el laberinto. Deténganse en la ilustración donde David está danzando frente al arca, pregúnteles qué recuerdan sobre esta historia.

**Diga: Ya sabemos que Dios escogió a David para ser rey. Hoy escucharemos cómo se cumplió la promesa que Dios le había hecho a David. Dios le había prometido que de sus descendientes saldrían reyes, y la promesa se cumple pues Salomón fue el siguiente rey de Israel.**

Sigan caminando por el laberinto y anime a sus estudiantes a que compartan lo que recuerden sobre las historias de las otras ilustraciones.

**Materiales:**
guirnalda con estrellas
figuras de hule espuma
perforadora o tijeras

**Accesorios de Zona®:**
ninguno

## La corona de Salomón

Proporcione a cada estudiante una guirnalda con estrellas y las figuras de hule espuma con una perforación. Sus estudiantes sujetarán las figuras a la guirnalda. Cuando hayan terminado, ayúdeles a atar los extremos de la corona para que se la coloquen en la cabeza.

**Diga: Salomón se convirtió en el rey después de la muerte de David. Salomón quería ser un rey sabio, así que oró a Dios y le pidió que le diera sabiduría.**

Escoja una o más actividades para sumergir a sus estudiantes en la historia bíblica.

# Tal cual somos

**Diga:** Dios eligió a David para que fuera el rey de Israel. Dios le prometió que de sus descendientes saldrían reyes de Israel. Dios cumplió esa promesa. Salomón, el hijo de David, se convirtió en el nuevo rey de Israel. David le aconsejó a su hijo Salomón que escuchara a Dios y viviera como Dios deseaba. Salomón le pidió a Dios que lo ayudara a distinguir entre lo bueno y lo malo. Ahora vamos a jugar "sígueme".

Al final del juego, elija a un o una estudiante para que se ponga la corona de terciopelo y dirija al resto de la clase hasta el Área de historias.

**Materiales:**
*ninguno*

**Accesorios de Zona®:**
*corona de terciopelo*

**Dios nos ama tal cual somos.**
(Señálense y abrácense a sí mismos)
**Podemos ser altos.**
(Pónganse de pie o caminen de puntas)
**Podemos ser pequeños.**
(Pónganse en cuclillas)
**Dios nos ama tal cual somos.**
(Aplaudan dos veces)

**Dios nos ama tal cual somos.**
(Señálense y abrácense a sí mismos)
**Podemos tener pelo largo.**
(Finjan cepillarse el pelo)
**Podemos tener pelo corto.**
(Señalen con su mano el pelo)
**Dios nos ama tal cual somos.**
(Den dos pisotones)

**Dios nos ama tal cual somos.**
(Señálense y abrácense a sí mismos)
**Quizás nos gusta pintar.**
(Simulen pintar sobre un caballete)
**Quizás nos gusta cantar.**
(Canten "La, la, la")
**Dios nos ama tal cual somos.**
(Salten dos veces)

**Dios nos ama tal cual somos.**
(Señálense y abrácense a sí mismos)
**Quizás nos gusta bailar.**
(Bailen por todas partes)
**Quizás nos gusta leer.**
(Junten sus manos como un libro abierto)
**Dios nos ama tal cual somos.**
(Sacúdanse dos veces)

**Dios nos ama tal cual somos.**
(Señálense y abrácense a sí mismos)
**Podemos necesitar anteojos.**
(Ahuequen sus manos alrededor de sus ojos)
**Podemos necesitar audífonos.**
(Señalen su oreja)
**Dios nos ama tal cual somos.**
(Giren en su lugar dos veces)

**Dios nos ama tal cual somos.**
(Señálense y abrácense a sí mismos)
**Podemos escuchar a Dios.**
(Ahuequen su mano sobre su oreja)
**Podemos seguir a Dios.**
(Marchen en su lugar)
**Dios nos ama tal cual somos.**
(Aplaudan dos veces)

PRE-ESCOLAR: LECCIÓN 13

# Historia de la  Bíblica

## Salomón el rey sabio

*Por Beth Parr*

> Señale a sus estudiantes que deben sentarse formando un círculo y que traigan sus coronas. Pídales que se las pongan en la cabeza cada vez que escuchen la palabra "**rey**", después se la quitarán hasta la próxima vez que escuchen la palabra.

Dios eligió a David para ser el **rey** un día.
Sobre Israel, David reinaría.
El **rey** David de forma correcta vivió.
Día y noche a Dios siempre siguió.

"Una promesa te haré", le dijo Dios.
Tú serás rey e igualmente tu hijo.
Sólo sígueme y haz el bien.
Siempre estaré contigo y con tus hijos también.

David a su hijo Salomón mandó llamar.
"Muy pronto, mi trabajo va a terminar.
Te diré las cosas que debes hacer
Pues falta poco para que llegues a ser **rey**".

"Quiero que fuerte y valiente siempre seas.
Quiero que a distinguir entre el bien y mal puedas.
Obedece a Dios en todo momento.
Escucha a Dios, pues Dios dirá lo que es correcto".

"Para mostrarte el camino, Dios contigo estará.
Día a día, Dios siempre te guiará.
David dijo a Salomón, que **rey** pronto sería.
Salomón sobre todo Israel reinaría.

Después de David, Salomón **rey** llegó a ser.
Para agradar a Dios quiso ser **rey**.
Una noche Salomón a Dios ayuda pidió.
"Ayúdame a distinguir entre el bien y mal", Salomón oró.

Dios escuchó esa noche a Salomón orar
Dios se agradó y le dijo: "lo que pides te voy a dar.
Un **rey** sabio, muy sabio serás.
Te ayudaré y todo comprenderás".

Dios bendijo a Salomón para siempre
y le mostró como ser un **rey** sabio para ayudar a su gente.
A distinguir entre el bien y el mal aprendió.
Así que valiente y fuerte llegó a ser Salomón.

Salomón obedeció a Dios, tal como el **rey** David.
Vivió su vida conociendo los mandatos de Dios.
A tomar buenas decisiones, Dios le ayudó.
A ser sabio y comprensivo también Dios le enseñó.

# En la ZONA con la Abeja BZ

## Zumbando el versículo

Escoja a un o una estudiante para que sujete la Biblia abierta en 1Reyes 2:3a.

**Diga: En la historia bíblica de hoy se nos narró sobre Salomón el hijo del rey David. El rey David le aconsejó a Salomón que escuchara a Dios y le obedeciera.**

Repita el versículo bíblico a sus estudiantes: "Cumple las ordenanzas del Señor, tu Dios, haciendo su voluntad y cumpliendo sus leyes" (1 Reyes 2:3). Pídales que repitan el versículo después de usted.

De espaldas a la clase o escondiendo las manos debajo de una mesa, coloque en su mano el títere de la Abejita BZ (consulte la página 173). Dé vuelta o saque las manos para mostrar el títere a la clase, finja la voz y simule que su títere habla:

**Bzzz. Bzzz. Bzzz, ¡hola a todos y a todas, yo soy la Abejita BZ!**

**Bzzz. Bzzz. Bzzz, estoy volando de un lado a otro y puedo ver que tenemos nuevos amiguitos y amiguitas.**

Acérquese a cada estudiante y anímeles, sin forzarles, para que extiendan sus manos con las palmas hacia arriba. Simule que la Abejita BZ se posa en las palmas de cada estudiante, la Abejita BZ dirá frases como:

**Mmm. Mmm. Me gusta conocer nuevos amigos.**

**Bzzz. Bzzz. Me encantaría que tú fueras mi amiga. Yum. Yum. ¿Podemos ser amigos?**

Después de que BZ se haya posado en las palmas de cada estudiante, finja que dice:

**Bzzz. Bzzz. Bzzz. Disfruto mucho hacer nuevas amistades, es tan divertido.**

**Bzzz. Bzzz. Bzzz. Sólo hay algo que me gusta más, es la Biblia.**

**Bzzz. Bzzz. Bzzz. ¿Escucharon, atentamente, la historia bíblica de hoy? ¿Cómo se llamaba el hijo del rey David?** (*Salomón*) **¿Qué le aconsejó el rey David a su hijo Salomón?** (*Que escuchara y obedeciera a Dios*)

**Bzzz. Bzzz. Bzzz. Salomón, El hijo del rey David, llegó a ser rey de Israel. Salomón le pidió a Dios que lo ayudara a saber distinguir entre el bien y el mal, así que Dios le dio mucha sabiduría.**

**Bzzz. Bzzz. Bzzz. Vamos a repetir este versículo bíblico juntos: "Cumple las ordenanzas del Señor, tu Dios, haciendo su voluntad y cumpliendo sus leyes" (1 Reyes 2:3b).**

Exhorte a sus estudiantes para que repitan el versículo bíblico con la Abejita BZ.

Haga que la Abejita BZ se despida de la clase y después podrá guardar el títere.

**Podemos pedir sabiduría y entendimiento a Dios.**

Escoja una o más actividades para sumergir a sus estudiantes en la historia bíblica.

**Materiales:**
tocadiscos de discos compactos

**Accesorios de Zona®:**
disco compacto
maracas
mini flautas
coronas prismáticas

# Canta y adora

Toque el cántico, "Todos alaben" (**disco compacto, pista 12**). Repita el cántico para que sus estudiantes se diviertan tocando las maracas y las mini flautas; también pueden llevar puestas las coronas prismáticas mientras alaban a Dios.

### Todos alaben

Todos alaben,
aleluya.
Alabemos al Señor.

Al son de la trompeta,
con el laúd y el arpa.
Con el pandero y con danza
alabemos al Señor.

Todos alaben,
aleluya.
Alabemos al Señor.

Alábenlo en su santuario
por sus proezas y hechos.
Por su misericordia.
alabemos al Señor.

Todos alaben,
aleluya.
Alabemos al Señor.

Alabemos día y noche
en la en la tierra y en el mar
Por toda la creación
alabemos al Señor.

Todos alaben,
aleluya.
Alabemos al Señor.

Alabemos al Señor.

LETRA: J. Jefferson Cleveland; trad. por Diana Beach
MÚSICA: J. Jefferson Cleveland
© 1981; trad. © 2008 J. Jefferson Cleveland

# Zona de Vida

Escoja una o más actividades para que la Biblia cobre significado en la vida diaria.

## Bueno y malo

Reproduzca, para cada estudiante, las ilustraciones de las acciones (Reproducible 13B) y permítales colorearlas, después ayúdeles a recortarlas. Hablen de lo que cada uno observa en los recuadros. Pídales que separen las imágenes entre las acciones buenas y las malas.

**Diga:** Hoy escuchamos la historia de cuando Salomón se convirtió en el rey de Israel. Su padre, David, le aconsejó que escuchara a Dios e hiciera siempre el bien. Salomón oró a Dios y le pidió que lo ayudara a distinguir las cosas buenas de las malas.

**Materiales:**
Reproducible 13B
crayones o marcadores
tijeras

**Accesorios de Zona®:**
ninguno

## Seguimos el camino de Dios

Extienda sobre el piso una tira de papel para mural. En uno de los extremos coloque bandejas con pintura al temple; en el otro extremo, agua jabonosa tibia y toallas de papel.

**Diga: David siguió a Dios y le obedeció. Salomón también siguió a Dios y fue obediente. Nosotros podemos seguir a Dios y hacer lo que nos pide. Vamos a hacer un cartel de "Seguimos el camino de Dios" para colocarlo a la entrada de nuestro salón.**

Indique a sus estudiantes que se quiten sus zapatos y calcetines. Permita que cada uno moje sus pies en la pintura y luego los imprima sobre el papel caminando hasta el final (sostenga a cada estudiante cuando pise en la bandeja, ya que puede estar resbaladizo). Pida a un ayudante que les espere para auxiliarles en la limpieza y secado de sus pies. Después de que el cartel se haya secado, escriba en la parte superior: "Seguimos el camino de Dios" y cuélguelo a la entrada de su salón.

Pida a sus estudiantes que se tomen las manos y formen un círculo. Reciten los siguientes versos. Durante la primera estrofa giren hacia la derecha; en la segunda, giren hacia la izquierda; y finalmente hacia la derecha nuevamente.

David hizo el bien,
David hizo el bien,
Obedeció a Dios siempre,
David hizo el bien.

Segunda estrofa: "Salomón hizo el bien...."
Tercera estrofa: "Podemos hacer el bien..."

**Materiales:**
hojas grandes de papel
pintura al temple
bandejas de plástico o recipiente
agua tibia jabonosa
toallas de papel
marcadores
cinta adhesiva

**Accesorios de Zona®:**
ninguno

 de Vida

Escoja una o más actividades para que la Biblia cobre significado en la vida diaria.

**Materiales:**
yeso de secado rápido
platos de plástico desechables
cubeta o tazón desechables
cuchara
pedazos de sorbetes (popote) de 1 pulgada
marcador de tinta permanente
cinta
tijeras
opcional: cuentas, escarcha de brillo

**Accesorios de Zona®:**
ninguno

# Oro a Dios

Mezcle yeso de secado rápido en un recipiente desechable, debe estar espeso para mantener la forma de la mano del niño. Vierta en un plato de plástico desechable y deje que asiente por dos minutos. Permita que cada estudiante imprima la huella de su mano sobre la pasta. Pueden añadir cuentas o escarcha de brillo para decorar el grabado. Introduzca dos pedazos de sorbetes (popotes, pajillas) en la parte superior para hacer dos orificios de los que pueda colgarlo cuando se seque.

Una vez que el yeso se endurezca, escriba con un marcador permanente "(Nombre del o la estudiante) puede orar a Dios". Retire el plato de plástico y los pedazos de sorbetes. Sus estudiantes deberán introducir la cinta por los orificios para colgarlos después.

**Diga: En nuestra historia de hoy, Salomón oró a Dios y le pidió que lo ayudara a hacer bien las cosas. Nosotros podemos orar a Dios y pedirle que nos ayude a hacer las cosas de las formas correctas.**

**Materiales:**
Biblia
tocadiscos de discos compactos

**Accesorios de Zona®:**
ninguno

# Adoración estupenda

Pida a la clase que se siente en le área de historias. Toque la música del disco compacto y muéstrele el oso feliz.

**Diga: Podemos pedir a Dios que nos ayude a hacer el bien, como hizo el rey Salomón. Voy a pasar al oso feliz alrededor del círculo; cuando la música pare, la persona que tenga al oso feliz, nos guiará para repetir el versículo bíblico: "Cumple las ordenanzas del Señor, tu Dios, haciendo su voluntad y cumpliendo sus leyes" (1 Reyes 2:3a).**

**Ore: Amado Dios, nosotros queremos hacer las cosas bien, ayúdanos para que cada día tratemos de hacer las cosas como tú nos pides y perdónanos cuando cometemos errores. Amén.**

Haga una fotocopia de Zona Casera® para cada estudiante de su clase.

 # Casera para padres

**Versículo bíblico**
Cumple las ordenanzas del Señor, tu Dios, haciendo su voluntad y cumpliendo sus leyes.
1 Reyes 2:3a

**Historia bíblica**
1 Reyes 2:1-4; 3:3-15

El rey David le aconsejó a su hijo que fuera fuerte y valiente; le dijo que dependiera siempre de la dirección de Dios. El rey David le aconsejó también a Salomón que cumpliera las ordenanzas de Dios, pues David sabía que sus descendientes debían escuchar a Dios y seguir sus mandatos.

Salomón escuchó a su padre, pero también habló con Dios. Salomón le pidió a Dios que lo hiciera un rey sabio, que le enseñara la diferencia entre el bien y el mal para así poder tomar buenas decisiones para gobernar bien a su pueblo.

Tal vez los niñitos y las niñitas no comprendan todas las implicaciones de la promesa que Dios le hizo a David de que alguien de su descendencia siempre ocuparía el trono de Israel; pero la idea de que un padre comparta tiempo con su hijo o hija, les es muy natural. David pasó tiempo con Salomón, aconsejándole cómo debía vivir.

David le dijo a Salomón: "Escucha a Dios, cumple sus ordenanzas y leyes, y haz su voluntad".

## Orar juntos

Ayude a su hijo o hija a aprender sobre la oración, haciendo diferentes tipos de oraciones en su casa. Mientras oran juntos, permítale decir su propia oración.

### Cuando oro

**Cuando oro, cuando oro,**
(Junten sus manos en oración)
**Dios me escucha.**
(Ahueque su mano alrededor de su oreja izquierda.)
**Dios me escucha.**
(Ahueque su mano alrededor de su oreja izquierda.)
**Cuando oro yo.**
(Junte sus manos en oración)

Letra de Susan Isbell; 1996 Cokesbury.

**Podemos pedir sabiduría y entendimiento a Dios.**

Permiso de fotocopiado otorgado para el uso de la iglesia local. © 2008 Abingdon Press.

PRE-ESCOLAR: LECCIÓN 13

**Reproducible 13A**

Permiso de fotocopiado otorgado para el uso de la iglesia local. © 2008 Abingdon Press.

ZONA BÍBLICA®

# Zona de juego

## Con la nariz por los suelos

Construya una pista de obstáculos en su salón, colocando cinta adhesiva gruesa sobre el piso, o acomode las mesas y las sillas para demarcar la pista.

Proporciónele a cada estudiante una **pelota de carita feliz** y pídales a todos y todas que formen una fila al inicio de la pista. Cada estudiante deberá avanzar sobre sus manos y rodillas, empujando la pelota por la pista de obstáculos utilizando solamente su nariz.

**Nota:** Si no tiene suficientes pelotas, divida a sus estudiantes en dos equipos. El equipo sin pelotas deberá esperar al final de la pista para hacer el recorrido en dirección contraria.

## Sea un amigo

Sus estudiantes deberán pararse formando un círculo con usted en el centro. Diríjase hacia un o una estudiante, antes de que usted esté muy cerca, él o ella deberán gritar: "Sé un amigo de... (nombre del o la estudiante)", entonces usted se dirigirá hacia ese estudiante que se mencionó, quien debe gritar también "Sé un amigo de... (nombre del o de la estudiante)", y así sucesivamente.

En cuanto un o una estudiante deje de mencionar el nombre de otro/a, ese niño o niña deberá sentarse sin abandonar el círculo, aunque no podrán moverse ni ser nombrados. Repitan el juego hasta que merme el interés de la clase o hasta que todos se encuentren sentados.

 de recetas

## Escarchado de dulce

Deje que sus estudiantes le ayuden a sacar con una cuchara un poco de helado o yogurt y vacíenlo en unos tazones.

Permita que cubran su helado o yogurt con alguna cubierta, incluyendo confitado de chocolate, moronas de galleta, chispas o gomitas.

## Agua arco iris

Vierta agua en pequeñas vasos desechables transparentes y proporcione un vaso a cada estudiante.

Muestre las botellas de colorante artificial y deje que cada quien elija un color. Ayúdeles a añadir tres o cuatro gotas en su taza e indíqueles que remuevan el agua con una cuchara desechable.

Añada hielo a los vasos y permítales que disfruten su agua arco iris.

Para un toque adicional, puede usar soda o agua carbonatada

# Obsequios de flor de estrella
## (Lección 6)

# Siguiendo la estrella
(Lección 6)

PRE-ESCOLAR 169

# Compartamos el amor de Dios
(Lección 7)

# Colcha de la amistad
(Lección 10)

# Un amigo es siempre afectuoso.

Proverbios 17:17a

# La Abeja BZ

**Haga que el aprendizaje de los versículos bíblicos sea divertido con la Abeja BZ.**

Capture la atención de sus estudiantes con esta simpática marioneta de mano. Es delicada, pero duradera. Su boca se mueve.

La Abeja Bz viene en dos colores brillantes que les encantarán a sus estudiantes: rosado fuerte y púrpura.

La Abeja Bz es parte de cada lección para cada año de Zona Bíblica.

(52 lecciones por año)

*Llama a tu librería cristiana local y consígueme por $29.95. Nos vemos en la Zona Bíblica®*

Abingdon Press

# Medallones de confianza

(Lección 11)

¡Confía en Dios y haz lo bueno!
Salmo 37:3

## Comentarios de usuarios

Use la siguiente escala para calificar los recursos de Zona Bíblica®.
Si no usó alguna sección, escriba "no la usé" en el espacio para comentarios.

**1 = En ninguna lección   2 = En algunas lecciones   3 = En la mayoría de las lecciones
4 = En todas las lecciones**

1. *Entra a la Zona* proveyó información que me ayudó a enseñar la Escritura en la lección.

   1     2     3     4     Comentarios:

2. La tabla *Vistazo a la Zona* hizo fácil la planeación de la lección.

   1     2     3     4     Comentarios:

3. El plan de enseñanza fue organizado de manera que lo hizo fácil de usar.

   1     2     3     4     Comentarios:

4. La Guía del maestro proveyó instrucciones fáciles de seguir para las actividades de aprendizaje.

   1     2     3     4     Comentarios:

5. Pude encontrar fácilmente en mi casa o iglesia los materiales necesarios para hacer las actividades.

   1     2     3     4     Comentarios:

6. Mis estudiantes fueron capaces de entender las lecciones de *En la Zona®*.

   1     2     3     4     Comentarios:

7. Las actividades eran adecuadas para el nivel de aprendizaje y habilidades de mis estudiantes.

   1     2     3     4     Comentarios:

8. El número de actividades del plan de la lección funcionó bien para el tiempo que tenía disponible (indique cuanto tiempo) _____.

   1     2     3     4     Comentarios:

9. Usé las actividades de la sección Zona de Juego® de la Guía del maestro.

   1     2     3     4     Comentarios:

10. Usé las actividades de la sección Zona de Arte® de la Guía del maestro.

    1     2     3     4     Comentarios:

11. Usé el disco compacto en mi salón.

    1     2     3     4     Comentarios:

12. Usé los objetos del Paquete de DIVERinspiración® de la Zona Bíblica®.

    1     2     3     4     Comentarios:

13. Envié a casa la hoja Zona Casera® para los padres.

    1     2     3     4     Comentarios:

14. Me gustaría ver las siguientes historias en Zona Bíblica®:

Pre-escolar

# COMENTARIO ADICIONALES

## TÍTULO DE LA UNIDAD: EN LA CIUDAD DE DAVID

Actividades que mis estudiantes disfrutaron más:


Actividades que mis estudiantes disfrutaron menos:


Usé Zona Bíblica® para_____Escuela dominical _____Segunda hora de escuela dominical _____Iglesia de niños

_____Miércoles por la noche _____Domingos en la noche _____Compañerismo infantil _____Otro

## ACERCA DE MI CLASE

Número de estudiantes y edades en mi grupo

_____3 años _____4 años _____5 años

_____otra edad (especifique) _____

Número promedio de estudiantes que asistían a mi clase cada semana:_____

Enseñé: _____solo(a) _____con otro maestro(a) cada semana

_____tomando turnos con otros maestros _____con un ayudante adulto

## ACERCA DE MI IGLESIA

_____Rural _____Pueblo pequeño _____Central _____Suburbana

_____Menos de 200 miembros _____200–700 miembros _____Más de 700 miembros

Nombre y dirección de la iglesia: _____

Mi nombre y dirección: _____

---

**Por favor mande este formulario a:**
**Amy Smith**
**Departamento de Investigación**
**201 8th Ave., So.**
**P.O. Box 801**
**Nashville, TN 37202-0801**

# CRÉDITOS DEL DISCO COMPACTO

#1 – Estos astros
LETRA: Richard K. Avery y Donald S. Marsh; trad. por Julito Vargas
MÚSICA: Richard K. Avery y Donald S. Marsh
© 1979; trad. 2008 Hope Publishing Co., Carol Stream, IL 60188
Todos los derechos reservados. Usado con permiso. Para permiso para reproducir este himno, ponerse en contacto con Hope Publishing Co. llamando al 1-800-323-1049 o www.hopepublishing.com

#2 – Ve, di en la montaña
LETRA: Himno folklórico americano; adapt. por John W. Work; trad. por Anita González
MÚSICA: GO TELL IT ON THE MOUNTAIN; arm. por John W. Work
Trad. © 2008 Abingdon Press, admin. por The Copyright Co., Nashville, TN 37212

#3 – Di, María
LETRA: Richard K. Avery y Donald S. Marsh; trad. por Julito Vargas
MÚSICA: Richard K. Avery y Donald S. Marsh
© 1967-76; trad. © 2008 por Richard K. Avery y Donald S. Marsh en The Averyt-Marsh Songbook. Usado con permiso. Proclamation Productions, Inc. Port Jervis, NY 12771

#4 – Gente en tinieblas
LETRA: Dosia Carlson; trad. por Julito Vargas
MÚSICA: Dosia Carlson
© 1983; trad. © 2008 Dosia Carlson. Usada con permiso

#5 – Noel africano
LETRA: Canción folklórica de Liberia; trad. por Julito Vargas
MÚSICA: Canción folklórica de Liberia
Trad. © 2008 Abingdon Press, admin. por The Copyright Co., Nashville, TN 37212

#6 – La virgen María tuvo un niño
LETRA: Villancico de las Indias Occidentales; trad. por Julito Vargas
MÚSICA: Villancico de las Indias Occidentales
© 1945; trad. © 2008 Boosey & Co. Ltd., admin. por Boosey and Hawkes, Inc.

#7 – Presentes de los animales
LETRA: Villancico francés del siglo XII; trad. por Julito Vargas
MÚSICA: Melodía medieval francesa
Trad. © 2008 Abingdon Press, admin. por The Copyright Co., Nashville, TN 37212

#8 – Ha nacido el niño Dios
LETRA: Villancico tradicional de Francia, siglo XIX; trad. de J. Alonso Lockward
MÚSICA: Villancico tradicional de Francia, siglo XVIII; arm. de Carlton R. Young
Trad. © 1996 Abingdon Press; arm. © 1989 The United Methodist Publishing House, admin. por The Copyright Company, Nashville, TN 37212

#9 – Fuerte, audaz debes ser
LETRA: Morris Chapman; trad. por Julito Vargas
MÚSICA: Morris Chapman
© 1984; trad. © 2008 Word Music Inc. (ASCAP), 65 Music Square West, Nashville, TN 37203
Todos los derechos reservados. Derechos internacionales asegurados. Usado con permiso

#10 – El Señor mi pastor es
LETRA: Salmo 23; trad. por Marta L. Sanfiel
MÚSICA: Tradicional
Trad. © 1996 Cokesbury, admin. por The Copyright Company, Nashville, TN 37212

#11 – Aplaudid
LETRA: Handt Hanson y Paul Murakami; trad. Julito Vargas
MÚSICA: Handt Hanson y Paul Murakami
© 1991; trad. © 2008 Changing Church Forum

#12 – Todos alaben
LETRA: J. Jefferson Cleveland; trad. por Diana Beach
MUSICA: J. Jefferson Cleveland
© 1981; trad. © 2008 J. Jefferson Cleveland

#13 – Vengan con gratitud a Dios
LETRA: Salmo 100:4-5a (adaptado); trad. por Jorge A. Lockward
MÚSICA: Phillip R. Dietterich
© 1964 Graded Press; trad. © 1996 Cokesbury, admin. por The Copyright Company, Nashville, TN 37212

#14 – Hazme entender
LETRA: Delvon B. Goodman trad. por Julito Vargas
MÚSICA: Delvon B. Goodman
© 2003; trad. © 2008 Cokesbury, admin. por The Copyright Co., Nashville, TN 37212

www.ingramcontent.com/pod-product-compliance
Lightning Source LLC
Chambersburg PA
CBHW081919170426
43200CB00014B/2773